百歳まで生きられる家選び

―がんにならない家の吉凶―

深澤朝房 著
水上 治 監修

百歳まで生きられる家選び

――がんにならない　家の吉凶――

はじめに

最近、がんを患う人が非常に多いと思いませんか。特に誰でも知っている有名人のがん発症には、他人ごとでない思いを寄せてしまいます。とくに印象に残っているのは、若くして亡くなってしまった歌舞伎役者・市川海老蔵の奥さん、フリーアナウンサーの小林麻央さんではないでしょうか。まだ若いのにステージ４の乳がんということで、治療に頑張る様子をブログに挙げて注目が集まっていました。同じ病を抱えた人たちにも大きな勇気を与えてきましたが、幼い子供たちを残して、ついに力尽きてしまいました。

また２０１６（平成28）年10月20日、突然の訃報が舞い込んだミスター・ラグビーといわれた平尾誠二さんは、胆管がん。同月22日に亡くなった登山家の田部井淳子さんは腹膜《ふくまく》がんだったそうです。

同年夏の東京都知事選に立候補して、残念ながら落選した鳥越俊太郎は、大腸がんから肺に転移。何度も手術を繰り返して元気そうではありますが、実際にお会いすると声に力がない、迫力がないですね。

こういう人たちに話を聞いていくと、その病気は家に起因しているのではないかと思うことがたくさんあります。不動産業一筋、35年のキャリアとデータを持つ私だからこそ、わかることなのです。

がんや病気だけではありません。女優の高畑淳子さんの息子が事件を起こしたのは、ちょうど彼女が土地を買って新築している最中でした。少し前になりますが、「1週間で最も多く生番組に出演する司会者」のギネス世界記録に認定されたほど、大変人気者だったみのもんたさんも、まったく同じでしたね。家を新しくした途端、奥さんが亡くなられ、息子が逮捕され、すべての仕事を失いました。みのもんたさん曰く「自分は何も悪いことをしていない、息子が逮捕されただけ…」と。引越した家が悪かったと思われます。

高畑さんも気の毒です。覚せい剤で逮捕された高知東生の元妻、高島礼子さんと一緒にテレビドラマに出ていましたが、「ああいう人をテレビに出すな」とクレームの電話がくるそうです。本人は悪くなくても、イメージが悪くなったのです。高畑さんが購入した土地の地相や家相が悪かったのだと思います。家相を考えないで家を新築すれば、何か不幸が起こるケースが多いのです。

2015（平成27年）7月26日、東京・調布飛行場のそばの民家に小型飛行機が落ちた事故がありました。近隣の家は全く無傷でしたが、たった一軒だけが見事に破壊され、焼けて住民の方とペットの犬たちが亡くなりました。その家は、引越して一週間ほどだったそうです。

事故の後で私は現場に行ってきましたが、そこは車が行き来できない、最悪の地相でした。車が入らない、通り抜けることができない私道のどん詰まりにある家は、地相としてよくありません。普通の車が角を曲がれない、車同士交差できない、バックしてやらないといけない、そういうことが悪い「気」として影響するのです。そんなことを知らずにそこに住んだ人の人生も、どん詰まりになってしまったというわけです。

例をあげればきりがないほど、家の選び方ひとつで運命は良くも悪くも大きく変わるものだということは、わたしの今までの経験から知りました。特に家の中で過ごす時間が長い女性にとって、家環境は非常に大事です。地相や家相や風水を無視した家の中に長く過ごしていると、知らず知らずのうちにストレスがたまり、心も体の健康も蝕まれていく可能性があります。

がんだけでない、どんな病気にもならずに心も体も健康で明るい生活を手に入れるために、どういう土地と家を選べばいいのか、どういうことに気を付ければいいのか、不動産のソムリエとして身につけたノウハウ、知恵をお伝えします。ぜひ参考にしてください。

２０１８年　８月 吉日

深澤朝房

第2章　地歴・地形・地相を知る

第3章　先人の知恵「家相」に学ぶ

第4章　気の流れから吉凶を判断する風水

第5章　運気をつかむ年回りと方位

第6章　心が安定して健康になる家

第1章　不動産ソムリエが勧める「がん」にならない家とは

まず がんのことを知ろう

がんや病気になった人たちが、どんなところのどんな家に住んでいるか、どんな生活をしているのかを調べていくと、多くの場合、地相、家相などに問題があることがわかります。不動産コンサルタントとして35年、数え切れないほどの取り引きの中で、がんや大きな病気にかかってしまった方や、仕事が破たんしてしまった方々を見てきました。そのデータを見ると、人生の運が落ちていくそのきっかけの多くが、年回りの悪い時、運気が悪い時に土地や家を買い、新築して新しい生活を始めた時期に重なります。地相や家相、風水、方位などのことを考えずに住み替えた時に、何か悪いことが起こるケースがたくさんあります。家族の誰かが、がんや病気になる原因でもあります。

中国4000年の歴史の中で伝えられてきた風水や四柱推命は、統計学です。経験がものをいう、データの積み重ねです。わたし自身の経験からも、運気の悪い土地や家は不幸をもたらすことがあるのを痛感しています。運気の悪い家に住み続けていると、ストレスがたまって体調を崩す可能性も高くなります。先人の教えにならい、地相や家相、風水、方位などを上手に取り入れた新生活をスタートさせれば、間違いなく安心できるし、ストレスをためない、気持ちが晴れ晴れする、疲れが出ない生活を送ることができるのです。

がんや病気になりたくなかったら、これらをおざなりにしないでください。病気にならない家に暮らせば、身も心ものびのびと健康で愛にあふれた人生を手に入れることができるでしょう。仕事も上手くいくし、事業も安泰。

がんにならないような家選びの知識と情報を持つことは、西洋医学でもないし、東洋医学でもないけれど、非常に重要だと思いませんか？　とはいえ、まず敵を知る、がんのことを知っておきましょう。

2人に1人が、がんになる

国立研究開発法人国立がん研究センターのまとめによると、生涯でがんにかかる確率は、男性63%、女性は47%、2人に1人が何らかのがんを患うという報告があります。

年齢別にみると、40歳以上の男性に多いのは、消化器系のがん（胃がん、大腸がん、肝臓がん）で、70歳以上になると前立腺がん、肺がんの割合が高くなります。女性の場合は、40歳以上では乳がん、子宮がん、消化器系のがんが多く、高齢になるほど消化器系のがんが増加します。男女とも、50歳代くらいからがん発症が増え、高齢になるほどがんにかかる人が多くなります。

がんを発症する年齢としては、30歳代後半から40歳代では女性の方がやや多く、60歳代以降になると圧倒的に男性のがん患者が増えていきます。

それでは、がんが原因で死亡するのはどのくらいの割合でしょう。2014年のデータでは、この年にがんで死亡したのは、男性21万8397例、女性

14万９７０６例。男性は４人に１人、女性は６人に１人が、がんのために死亡したということになります。

家族が増えて、仕事も順調、そろそろマイホームを手に入れようかと思う年齢に、まさしくがん発症の危険も迫ってくるということでしょうか。さらに、子どもも育ち、これからは夫婦２人での悠々自適な生活を送ろうという頃に、がんが見つかる……そんなパターンは踏みたくないものです。

がんで死亡する確率	
男性	25% （４人に１人）
女性	16% （６人に１人）

がんに罹患する確率	
男性	63% （２人に１人以上）
女性	47% （２人に１人）

がん細胞はどうやって生まれる?

人間の体には37兆の細胞があるそうです。それぞれの細胞は、何10回も分裂を繰り返しています。その分裂に失敗して、異常な細胞が生まれてしまったのが、がん細胞の元。誰でも毎日、5000個ほどのがん細胞の元を作り出しているといわれています。ただ、普通は、その悪い細胞は自然に修復されたり消されたりします。万一、悪い細胞が生き残っても、リンパ球という免疫細胞が働いてがん細胞が生き残るのを阻止しています。人間はそういう力も持っているのです。

しかし、何らかの原因でその免疫力が落ちた時、悪い細胞が増殖してがんを発症させてしまいます。どんな時に免疫力が落ちるのか、それがわかれば、がんは、ある程度予防できるはずですね。

タバコと食事とダイエット

がんにならないための予防策はあるのでしょうか。がんの治療を行う内科の専門医がいうには、「タバコは百害あって一利なし」。タバコが肺がんや舌がん、咽頭がん、食道がんなどのリスクを高くするのは明らかです。しかも、喫煙している本人よりも、同じ場所で同じ空気を吸っている人に、より悪い影響が出てくるのだそうです。本人の健康のためだけでなく、愛する家族のためにも禁煙は必要でしょう。

健康のためには、バランスのとれた栄養摂取と規則正しい食生活が必要だとよくいわれます。栄養が偏れば体調が崩れます。食事に気を配る人の中には、農薬や添加物にまみれた現代の食材こそが、がん発症の誘因のひとつだという人もいるでしょう。しかし、これを食べてはいけない、こうやって食べたほうがいいなどと極端に気にしすぎるのも、かえってそれがストレスになります。むしろ、多少悪いといわれるものや菌やウイルスが体内に入り込んだとしても、それを追い払うことができる免疫力、抵抗力を十分につけておくことのほうが大事だと思います。

痩せすぎもがんになりやすい？

よく耳にするのが、肥満は生活習慣病（メタボリックシンドローム）の原因だということです。「減量しなさい」「ダイエットしなくちゃ」と、多くの人が気にしているかもしれません。

太り過ぎはがんになりやすい、といわれたこともあります。確かに、大腸がん、子宮体がんや腎臓がんなどは、ＢＭＩの高さと密接な関係があるという論文もあるようです。ＢＭＩとは、体重と身長から算出する肥満度を現す体格指数のこと。その数値が高いほど肥満度が高いということになります。しかし、最近は逆に、痩せすぎもがんになりやすいという報告がありました。

痩せをもたらす低栄養によって、免疫力が低下してしまうのです。特に、日本の男性は、痩せている人ほどがんになりやすい、標準体重、あるいはやや太めの人に比べてがん発生率が高いことが、厚生労働省研究班の大規模疫学調査でわかったというのです。

糖尿病でなければ、多少太っていても気にすることはない、無理なダイエットはかえって体に悪いということになるでしょうか。

ＢＭＩの計算式
BMI ＝体重 kg ÷ (身長 m)^2
適正体重＝ (身長 m)^2 × 22

標準体重	ＢＭＩ指数 22
肥満	25 以上
低体重	18・５未満

ストレスはがんの元

私の知り合いの医師は、「長年の医者人生で、がんを克服した人は治すという強い気持ちを持ったポジティブな人の方が多かった」といいます。がんにかかってしまった時、嘆き悲しみ、その後のすべてを医師任せにするのではなく、本を読んだり専門家にいろいろ聞いたりして、積極的に自分でがんのことを調べる、医師からも病院からも上手に情報をもらって、がんに立ち向かう――。そんな人の方が明らかに経過はいいそうです。

がんの治療法はどんどん進歩していますが、がんになってから治療を頑張るよりも、やはりがんにならないほうがいいに決まっています。それにはどうしたらいいのでしょうか。

毎日、毎日、何かに我慢をして嫌な思いをし続け、暗い顔で生活をしていると、胃が痛くなったり体調が悪くなったりします。眠れなくなるほど気持ちが落ち込み、本当に病気になってしまいます。ストレスは病気の元、がんの元です。

ストレスに弱いＮＫ細胞

体内に侵入した外敵を攻撃してやっつけてしまうのがリンパ球ですが、これは、がん細胞など体内で生まれた普通ではない細胞を処理する働きもしています。リンパ球には、Ｔ細胞、Ｂ細胞、ＮＫ細胞（ナチュラルキラー）の３種類があります。Ｔ細胞やＢ細胞はさまざまなストレスにも動じないで黙々と働きますが、ＮＫ細胞は少し弱虫なので、ちょっとしたストレスや加齢の影響にも弱く、たちまち免疫力が低下してしまいます。特に、心の動き、精神的な影響も受けやすくて、恐怖心、ネガティブな考え方、悲しみなどに左右されやすいことがわかっています。

笑いが がんをやっつける

がん細胞は、だれの体の中にも毎日生まれています。それをがんという病気にまで大きくしないためには、自分自身の免疫力を強く保つことが大事です。がん細胞をやっつける役目をするのが、NK細胞という細胞で、この細胞は、笑うことで増えていくということが最近わかってきたそうです。

大笑いをすれば横隔膜や腹筋が動いて、便秘の解消につながります。笑えばストレスも吹き飛び、胃痛や頭痛もなくなるでしょう。「1時間の大笑いは、1週間分の鎮痛剤に匹敵する」といった人もいました。

血圧が安定して、心臓病のリスクが下がります。よく笑うことで体中の筋肉を使うので心地よい疲労感があり、よい睡眠が得られます。毎日よく笑う人に比べて、あまり笑わない人は認知機能が低下していることが多いという、65歳以上を対象にした調査もあるそうです。笑いは認知症をも予防するのです。

「笑う門に福来る」とは昔からいわれてきたことです。いつもニコニコと笑っていられるような、穏やかな住環境の中にいられるのが一番ですね。

がんは熱に弱い

がん細胞は42℃以上になると生存率が下がるそうです。がんは熱に弱いので温度が高い心臓にはできない——なるほどです。この性質を利用したがんの治療法に、温熱療法があります。がん細胞を熱で温めて死滅させる治療法です。

体は冷やさないほうがいいのです。体が冷えると、風邪をひきやすくなるし、肩凝りがおこり、腹痛や下痢が生じることもあるでしょう。冷えは万病の元です。また、内臓が冷えると代謝機能が落ちて、太る原因だともいわれています。

健康のためには、特に冬場には足元を冷やさない断熱効果の高い住まいの環境を整えるなど、冷えを防ぐ対策も必要ですね。

温熱療法とは

がん細胞が熱に弱いのではないかということは、以前から臨床の場で何となく知られていました。例えば、顔面の肉腫が発熱によって消えたというケースや、自然にがんが治った患者さんの多くは発熱が続いていたなどというケースを経験した臨床医がいたからです。温熱療法に関して本格的に研究が始まったのは、

１９６０年代になってからですが、今でもまだ研究中で、標準的ながんの治療法としては扱われていません。多くは、治すのが難しい局所進行がんや再発したがんの治療を検討する際の選択肢の一つとして、放射線療法や抗がん剤療法と併用されているのが現状です。

温熱療法には全身を加熱する方法と、がんやその近くを温める方法とがありますが、一般的には、マイクロ波や電磁波を用いた装置で局所を温める方法がとられています。食道や直腸などの中に器具を差し込んで加熱する方法や、がん組織の中に電極針を入れて加熱する方法なども試みられています。（国立がん研究センター、がん情報サービスより）

健康志向の家選び、５つのポイント

この仕事を始めた時から今に至るまで、35年の不動産業でわたしが貫いてきたのは、お客さまにとって何が一番いいかを誠実に追求することでした。最近は、「不動産評論家」とか「不動産コンサルタント」という肩書きで、テレビや雑誌の取材を受ける機会が増えていますが、家選びの単なる評論家、コンサルタントではなく、お客さま一人ひとりに最もふさわしいアドバイスをして差し上げたいと思うようになりました。

レストランで、お客さまの好みの料理にぴったりの、とっておきのワインを選ぶお手伝いをするソムリエのように、わたしは、日本で唯一の「不動産ソムリエ」として活動しています。これまで、残念ながら間違った家を選んだために健康を害してしまったり、事業に失敗して人生を狂わせた人たちの例をいくつも見てきました。少なくともこの本を手に取ってくださった方々にそんなことがおこらないように、がんにならない、病気にならない家選びの５つのポイントを紹介したいと思います。

1　土地の歴史、地形

2　建物の形、間取り

3　風水

4　年まわり

5　方位

これらをバランスよく検討・検証すれば自然に良い家に巡り合うことができるでしょう。この五つの中で何に重きを置くかは、それぞれの人によって違いますが、ストレスを抱えないで暮らせる家、健康な毎日を送ることができる家、運気が上がって成功する家を選ぶ秘訣です。

第2章　地歴・地形・地相を知る

工場の跡地には有害ガスがある

東京都中央卸売市場の移転問題が世の中を騒がせました。中央卸売市場が、老朽化した築地から新しく移ることになっている先は豊洲、ここはもともと東京ガスの工場があったところです。有害物質が残っている可能性のある場所です。がんになる可能性があるどころの話ではない、人の生命をも脅かす有毒ガス、リンなどが潜んでいるかもしれないような土地に、新鮮な魚などを扱う卸売市場を作ってもいいのでしょうか。

小池百合子都知事が着任早々、さまざまな事実を表に出したおかげで、すんなり移転するというわけにいかなくなりました。でも、もし、前の知事の舛添さんがそのまま知事を続けていたら、盛り土をしていなかった、規定以上の有害物質が発生していたということも知らされず……、想像するだけでも恐ろしいと思います。

工場の跡地には注意しなくてはいけません。これは、不動産を扱う者の常識です。かつては水俣病の問題もありました。水俣病は、１９５６（昭和31）年、熊本県水俣湾周辺で、１９６５（昭和40）年には新潟県阿賀野川流域で明らかになった公害病です。それぞれの川の上流にあった工場の排水にメチル水銀化合物が混ざりこみ、魚介類に蓄積して、まず魚の奇形が見つかりました。次にそれを食べた住民に視《し》野《や》狭窄《きょうさく》や聴力障害、手足のしびれなどの神経障害が発症し、大きな問題になりました。

昔から、ガソリンスタンドだったところに新しく家を建てる時は、必ず土の入れ替えをしなくてはならないという決まりがあります。土地の質を変えなくてはならないのです。だから、ガソリンスタンドだった土地の価格は安いのです。

大事な家族のために家を建てようと思った時に、その場所が、その土地が、それまでどういう使われ方をしていたのか、地歴を調べ、知ることは基本中の基本です。

土地に記憶された歴史が意味を持つ

東京・港区の六本木ヒルズはご存知でしょう。２００３（平成15）年４月にオープンした時、おしゃれな高層ビルには、当時注目のＩＴベンチャー企業が続々と社屋を構え、住宅棟には芸能人をはじめ著名人が多数入居するなどして話題を集めました。ヒルズ族と呼ばれて若くして成功した人たちの象徴のような場所でした。

ところが、開業の翌年、ビルの入口の大きな回転ドアに男の子が挟まれて死亡するという事故が起こりました。その後、最も勢いがあったＩＴ企業の社長が証券取引法違反で逮捕、起訴され、当時のワイドショーを賑わせたものです。ほかにも、ここを事業の本拠地としたいくつもの企業が倒産したそうです。

この六本木ヒルズとよく比べられるのが、２００７（平成19）年に開業した東京・赤坂の複合施設ミッドタウンです。ここは、防衛庁庁舎の移転によって空いた土地の再開発事業としてつくられたところ。スキャンダラスな事件などなく、落ち着いたビジネスエリートの集まるビルとして今でも安定したイメージを保っています。

直線距離で６００メートルほどしか離れていないこの２つの複合施設の、どこに違いがあったのでしょうか、それは地歴です。

六本木ヒルズは、かつて沼地や墓地だったところで、その前は長府毛利家の屋敷跡でした。そのうえ、赤穂浪士が切腹したところだともいわれています。ヒルズが華々しくオープンしたにもかかわらず、その後に沈んだ印象を残したのにも理由がありました。

一方のミッドタウンは、江戸時代、毛利藩の屋敷でした。明治以降は陸軍の駐屯地となり、敗戦後に陸上自衛隊の駐屯地にと、一般の人には開放されて来なかった土地ですから何の因縁もありません。

このように、以前どういう使われ方をしていたのか、土地に記憶された歴史は大きな意味を持つのです。

旧総理公邸にまつわる話

土地に記憶された出来事といえば、旧総理公邸に出没するという幽霊騒ぎを思い出します。この地は、1932（昭和7）年、時の総理大臣犬養毅が殺害された五・一五事件と、1936（昭和11）年、岡田啓介首相と間違えて秘書官の松尾伝蔵が射殺された二・二六事件という、2度の殺人事件がおきている場所です。それだけでなく、ここはもともと、化け猫騒動（コラム参照）で有名な佐賀鍋島藩の江戸屋敷があったところ、いわくつきの土地でした。幽霊が出た、亡霊を見たという人たちが多数いるのもうなずけます。もちろん公式には、そんな話はないことになっていますが…。

二・二六事件といえば、その際に死体を投げ捨てたと言われる場所が、現在の東京千代田区溜池交差点の辺りです。自民党から自由党、新生党などと政党を渡り歩いた政治家の小沢一郎さんは、2012（平成24）年12月、新しく生活の党を作り、溜池交差点のところに本部を移した瞬間に崩壊しましたね。これも、溜池という土地の持つ歴史の影響が大きいのではないでしょうか。地歴は決して無視できません。

化け猫騒動のお話

肥前佐賀藩で起こったお家騒動。２代目藩主の鍋島光茂の碁の相手をしていた家臣の龍造寺又七郎が、光茂の機嫌を損ねたために惨殺されてしまいます。又七郎の母はこのことを恨みながら自害。母の死体から流れた血をなめた飼い猫が化け猫となって城の中に入り込み、光茂の側室であるお豊の体を食い殺して乗りうつり、光茂に近づきます。家臣が発狂したり、奥女中が惨殺されたりと、さまざまな怪異が発生して光茂は苦しめられますが、最後は忠臣が化け猫を退治して佐賀藩を救うという伝説です。

地形は地盤の強度や質を判断する目安

ディズニーランドやディズニーシーで有名な千葉県北西部の浦安市の一部の地域が、２０１１（平成23）年3月11日の東日本大震災の時に液状化をおこして、大きな問題になりました。

液状化というのは、地面の下の砂地盤が振動により液状になり、地盤が沈下してしまう状態のことです。それが起こったのは旧江戸川の北西側の地域で、かつては沖まで続く遠浅の海が広がっていたところでした。そこを埋め立てて高級住宅地として分譲開発したのです。家の土台となる地面がドロ沼のようになって、せっかく手に入れたマイホームが傾斜してしまい、とても住める状態ではなくなったお宅もありました。建て替えなくてはならないし、売ろうにも価値が下がって買い手がつかなくなってしまったのです。

また、記憶に新しいのは、２０１６（平成28）年11月8日の早朝、福岡県博多駅前の広い道路が陥没し、大きな穴が開いてしまった出来事ではないでしょうか。

直接的には地下鉄工事が影響したのが原因と発表されましたが、ここはもともと軟弱な地盤で、鎌倉時代、元寇《げんこう》に備えて築かれた砂丘が広がっていたところだそうです。建設コンサルタントが公開している地質調査資料によると、現在の海岸線はそれらの砂丘をさらに埋め立てた人工の埋立地なのだそうです。

埋め立て地は地盤が弱いのです。先ほどの豊洲も埋め立て地ですから、もし大きな地震が起きたら液状化してしまうかもしれません。盛り土をしても、まだ地盤沈下してしまう可能性があるのではないでしょうか。

軟弱地盤は地震の揺れが2・5倍も

１９９５（平成７）年の阪神・淡路大地震では、海岸や低地など軟弱層が堆積している地域での被害が特に多かったことがわかっています。地盤が軟弱なほど振動が増幅され、大きく揺れるのです。京都大学の防災研究所の調査発表によると、この地震で、軟弱地盤地域は地盤の固い地域に比べて、木造住宅を振動させやすい周波数（２ヘルツ）が25倍にも達したそうです。

地震が起こった時、その大きさの目安として使われている震度とは、実際に人が揺れを感じたり、建物が壊れた状態から判断するものです。阪神・淡路大地震の際に震度7を計測した地域は、この増幅作用によってひときわ揺れたのでしょう。木造家屋の倒壊率を見ても、被害が大きかったところと、そうでもなかったところとの差は約4倍の差になっていました。つまり、倒壊した家が多かった地域の地盤は、2・5倍も揺れたのではないかと推察できます。地盤が弱いから、大きく揺れて、特に古い木造住宅が倒れたのも当然だと思います。

軟弱地盤とは

川や沼の近く、あるいは、以前田んぼだったりしたところを埋め立てたところなど、地盤が弱い土地を軟弱地盤といいます。具体的には水分と空気を多く含んだ土地で、このような場所に普通に家を建てたとすると、その重さで土の中の水分が抜けて、その分だけ建物が沈下、傾いてしまいます。

もし、軟弱地盤と思われる土地に家を建てる際には、地固めという作業を行わなくてはなりません。地盤調査を行い、その結果に基づき、軟弱度合いに応じた基礎仕様、地盤補強工法を行います。土の中の空気を押し出して土の中の隙間を小さくし、地盤を固くする方法です。

水害に弱い川や池の近く

ここのところ地球温暖化の影響でしょうか、異常気象が続いています。２０１６（平成28）年八月、観測史上初めて台風が東北地方に上陸し、岩手県では多くの河川が氾濫、住宅が流されるなど多数の被害が発生しました。

川のすぐ横や沼のそばは、常に氾濫の恐れがあります。東日本大地震でも、海から離れていないところ、低い土地での津波被害が大きかったのは皆さんの記憶にも新しいことでしょう。

広島市北部の安佐北区、安佐南区におこった豪雨による土砂崩れ・土石流で、多くの住宅が流され、住人が生き埋めになるなどの大きな被害が出たのは、２０１４（平成26）年８月20日のことでした。局地的な短時間豪雨による被害でしたが、山を削ったところに作った住宅地、すぐ裏に山を背負っているような環境も怖いですね。

地歴を調べてみよう

土地に問題があれば、せっかく家を建てても大変なことが起こりますから、事前の調査が重要です。

まず、以前はどういう使われ方をしていたかを知ることです。チェックしておきたいのが、かつて墓地だったところ、火事や災害があったところ、田んぼや沼地だったところ、ガソリンスタンドだったところです。墓地や戦場だった場所、過去に大きな火事や自然災害があった土地は死のイメージがつきまといます。

では、そういう過去の歴史をどうやって調べればいいのでしょうか。所轄の法務局で「土地登記簿謄本」を閲覧してください。これは誰でも見ることができます。土地登記簿謄本の中に「地目」という土地の種類を示す項目が参考になります。その土地がどのように利用されてきたかがわかります。

地目は、次のような項目で分別されています。
田・畑・宅地・学校用地・鉄道用地・塩田・鉱泉地・池沼・山林・牧場・原野・墓地・境内地・運河用地・水道用地・用悪水路・ため池・堤・井溝（せいこう）・保安林・公衆用道路・公園・雑種地

そのほかにも、古い「閉鎖謄本」や、明治時代から昭和一二年ごろまでの土地所有者などが記録されている「旧土地台帳」なども見ることができます。

古い井戸や大木の根っこも確認

家を建てる時、見落としがちなのが使わなくなった井戸の処理。以前、畑地だったところは特に注意が必要です。昔は、地主さんの住まいに井戸があるのはごく普通のことでした。小作の家は井戸の水を借りるなどもあったようです。その地に長く住んでいる人に、井戸がなかったかを聞いてみることを勧めます。

今、その井戸に水があるか、ないかに関わらず、不要になった井戸を埋める時には、お祓いや息抜きの処理などを行わなくてはなりません。井戸には有毒ガスが奥深くにたまっていることもありますから、直径13ミリ以上の「息抜き」のパイプを井戸の中に差し込んでたまったガスを抜きます。できれば、井戸があったうえに建物を配置しないほうがいいのです。

また、切ったままの大木はないか、根っこなどが埋まったままになってないかも確認してください。木には命が宿っていますから、切る時には、「精抜き」という儀式が必要です。

時々、古い便槽が埋められたままになっていた、ということもあります。隣地との境界の高低差や境界杭などの確認と共に、チェックが必要な点です。

軟弱地盤を知る

マイホームを建てるなら、なにもわざわざ墓地だったところを選ぶこともないでしょう。ちょっとくらい安くても、土壌汚染の元凶となるガソリンスタンドや工場の跡地は避けたいと思いませんか。でも、すっかり整備されて、整然とした宅地になってたら、昔は何が建っていたのかなんてわかりません。

まずは、専門家に相談してみましょう。地元の不動産屋さん、古くからそこに住んでいる人、地元の商店の人などに聞いてみるのもいいでしょう。

ちょっと大変ですが、昭和30年代から作成されている「住宅地図」を見れば、かつて工場やガソリンスタンドがあった場所などがわかります。実は、もとは沼地や池だったのを埋め立てた場所だったということも調べることができます。これは、地元の図書館などで自由に閲覧できます。昔の航空写真を調べるのもいいですね。

地盤を知るには「都市圏活断層図」、国土地理院が出している「ハザードマップ」、ウエブなら国土交通省が運営しているハザードマップポータルサイトが役に立ちます。

軟弱地盤だったかどうかは昔から呼ばれてきた地名からもわかります。浜、洲、川、沼、谷など、水を連想させる文字が使われている地名は、低地や湿地だったことを現しています。ただ、最近は、行政区画の変更や、市町村の合併で新しい地名になったところもたくさんあるので、名称からはわかりにくくなっています。そんな時は、意外と古くからあるバス停の名称に、そのまま昔の呼び名が残っている場合もあるようです。

地相の見極め方

敷地内に高低差があるのは地相的によくありません。高低差があるということは、もともとの土地にあとから盛り土をしたことを意味しています。家が建てにくいだけでなく、軟弱地盤の可能性があります。

また、宅地が道路より低い場合は、集中豪雨などが起こった時に雨水が流れ込んでくるかもしれません。敷地の方があまりにも高い場合は、玄関までの階段が長く急なものになるでしょうから、年をとってからの生活に不安を感じてしまいます。

土地や家の凶相は、敷地がへこんでいたり、出っ張っている形です。理想の地形は、「張り」や「欠け」のない四角い敷地です。真四角か長四角で、公道に面した土地は吉相です。

変形の土地はあまりお勧めできません。最も避けたいのは三角形の土地、三角地の角のところに邪気がたまりやすく、良い気が逃げていってしまいます。このような土地に住むと、健康を害したり仕事運、運勢も低下するといわれています。悪いとわかりながら、なぜかこの場所から離れにくく、悪循環になるということもあるようです。

土地の形は見ればわかります。基本的な地相の良しあしを頭に入れたうえで、実際にその土地に出かけて行って確かめてください。

具体的にどんな土地を選べばいいか

住み心地の良さ、暮らしやすさ、住んでいる人の健康状態や寿命までも、家がどのような土地に建てられているかによって大きく左右されてしまいます。基本は、風通しが良く、太陽の光が十分に差し込み、東南に高い建物がない土地を探してください。Ｔ字路や袋小路、カーブしている道路に面したところではなく、安全で落ち着いた暮らしができる土地を選んでください。

理想は日当たりがいい場所、最も良いのは東南の角地です。自然の明るい光がバランスよく家の中に入ってくる土地が吉です。理想は、東南に高い建物が隣接していないところ。また、南側に余裕があると、太陽の光が入ってきやすいし、風通しもよく、南西から涼しいさわやかな風が心地よいでしょう。

避けたほうがいいのは、工場の跡地、田んぼを埋め立てたところに整備した分譲地。行き止まりの土地や袋小路も避けたいですね。道路は気の通り道です。突き当りの土地は「気がぶつかる」「攻撃される」場所に当たります。強い風も通り抜けずにまともに受けてしまいます。

ほかにも三角形の土地や、凹凸のある土地もダメ。川や沼のそばの土地や、昔、池や沼、田んぼだったところ、低地、北傾斜の土地は、健康面にも悪い影響を与えてしまいます。湿気は体に良くありません。特に脾臓《ひぞう》は、ジメジメと暗い空気に悪い影響を受けやすいので注意が必要です。

また、急なカーブの外側の土地は、車が飛び込んでくる危険があるばかりでなく、八方ふさがりになって精神的に追い詰められてしまうという意味もあり、勧められません。四方を道路に囲まれた土地も、そこに生活することを考えただけでも落ち着かないと思います。プライバシーが守られなくて、いつも緊張した気持ちになるでしょうし、逃げ場がなく、人生に行き詰まるなどあまりいいことはありません。同じように、高い建物に囲まれた土地も避けてください。日当たりが悪く、風の向きも定まらないので普通の生活には向かない環境です。

悪い地相を改善する

もし、すでに住んでいる土地が地相的によくないということがわかったら、庭に手を入れて相を変えることができます。

変形の土地は、真上から見た時に四角になるように、塀やフェンスを作って吉相にしてしまう方法もあります。三角の土地なら、角の部分に物置を置いたり木を植えたりして仕切ってしまい、四角い敷地の中で生活すると悪い運は改善されます。土地の張りや欠けは、そこを補うように庭木を植えてください。ただし、どんな樹木でもいいわけではありません。広葉樹がいいのか、落葉樹か、吉となる樹、逆に凶となる樹もありますから、専門家に相談したほうがいいでしょう。

第3章　先人の知恵「家相」に学ぶ

日本独自の開運思想

土地の次は建物。実は、大手の建設会社や工務店でも、ほとんどの人は風水や家相学の勉強をしていません。デザインだけしか見ていないのが現状です。おしゃれな家を設計するのは得意でも、実際に、トイレが鬼門の位置に入っているような図面を平気で引いてきます。だからこそ、わたしたち一人ひとりが、昔から伝えられてきた家相のことを、知っておくことが大事だと思います。

家相は、風水、九星、干支、五行などの考え方を組み合わせた占術などとつながる開運学のひとつ。それぞれの考え方の影響を受けながら、日本の風土に根付いた知恵を生かして日本独自の開運思想として定着しています。例えば、家の位置・方角・構造などから、その家に住む人の吉凶を判断するものです。

「家相なんて迷信じゃないの」と思っている人も多いと思いますが、家を建てる時に、全く無視してしまっていいものではありません。長い歴史の中で育まれてきた先人の知恵そのもの、教えられることがたくさん含まれています。

家相や地相が悪いと住んでいる人にストレスがたまる、玄関の向きやトイレの場所が悪いと家人が病気になる――などということを聞いたことがあるでしょう。不思議ですが、不動産業に携わっていると実際に経験することなのです。

家相を考える時には、昔から家相盤といわれるものが用いられます。これは陰陽五行説に基づいた、八方位や十二支などの方位を現したものです。家の平面図の中心と家相盤の中心を重ねて、どの方角に何を配置すればいいかを判断します。

家相学は長い歴史を持つために、追求していくと非常に複雑な決まりがあります。わたしの経験から実際に役立つもの、覚えておいた方がいい基本的なものを紹介します。

家相盤

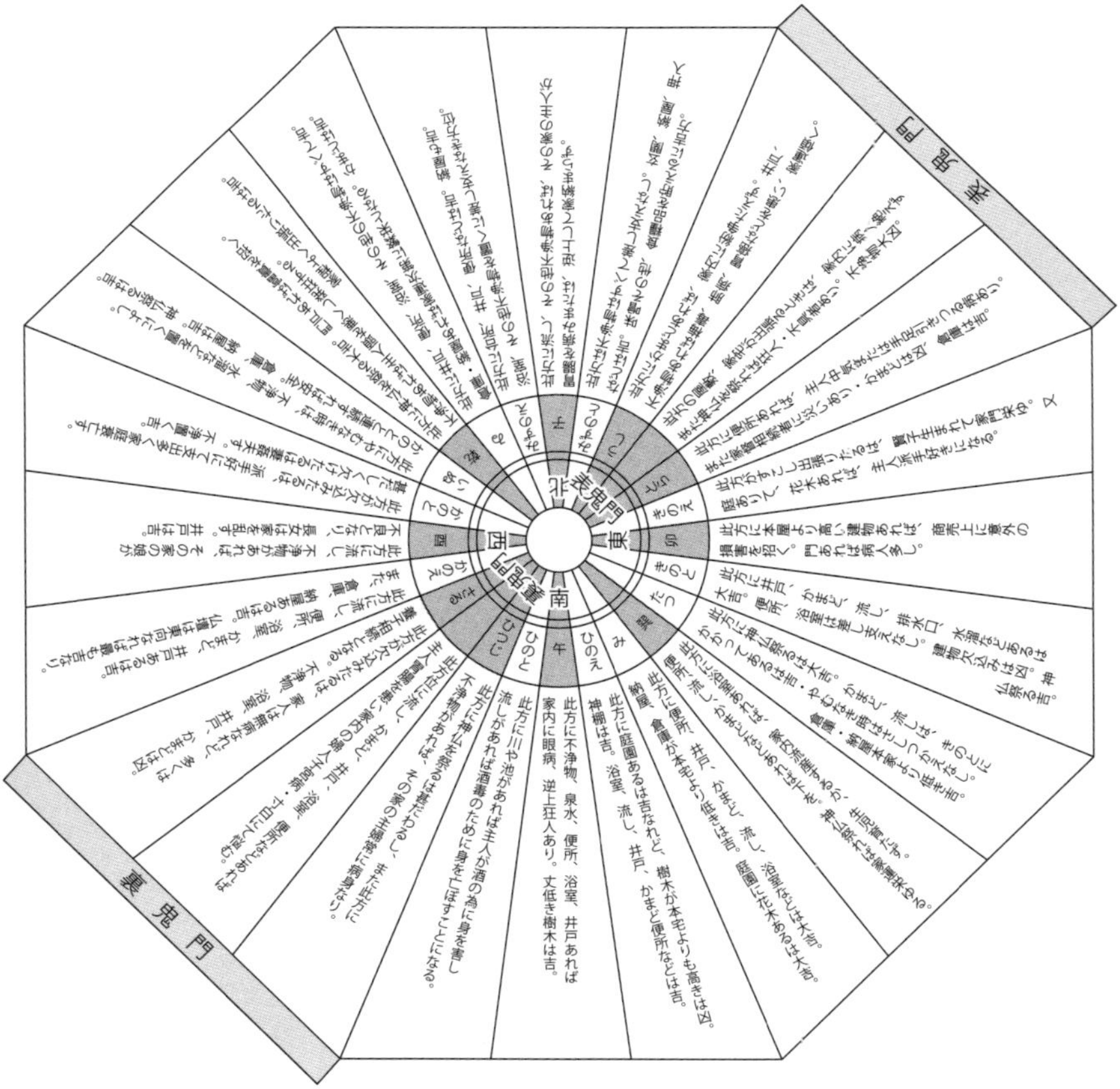
表鬼門
裏鬼門
北
南
東
西
卯
午
酉
きのえ
きのと
たつ
み
ひのえ
ひのと
ひつじ
さる
かのえ
かのと
いぬ
此方に不浄物、泉水、便所、浴室、井戸あれば家内に眼病、逆上狂人あり。丈低き樹木は吉。
此方に庭園あるは吉なれど、樹木が本宅よりも高きは凶
神棚は吉。浴室、流し、井戸、かまど便所などは凶。
此方に川や池があれば主人が酒の為に身を害し
流しがあれば酒毒のために身を亡ぼすことになる。
此方に本屋より高い建物あれば、商売上に意外の損害を招く。門あれば病人多し。
此方に井戸、かまど、流し、排水口、水溜などあるは大吉。便所、浴室は差し支えなし。

鬼門と裏鬼門

家相は、陰と陽のバランスを大事にしています。家相の考え方の中で最も知られているのが「鬼門」と「裏鬼門」でしょう。鬼門とは丑寅《うし》の方角、北東の方位のことで、鬼が出入りする方角、忌み嫌うべき方角とされてきました。また、北東の反対側、南西（羊申）の方角を裏鬼門といい、同じく忌み嫌うべく方角とされています。

この鬼門や裏鬼門に水や火を使う場所を設けてはいけない、というのは江戸時代からいわれていることです。トイレや風呂場、キッチンなどを、北東、西南の方角に当たるところに置かないというのは、意味があります。

鬼門の方位は、家の中で最も日の当たらない場所です。暗いし寒いし、日当たりが悪くていつも湿気がたまりじめじめとしているために、カビも発生しやすい場所です。こうしたところに水回りを持ってくると、その家の傷みが早くなるでしょうし、陰気になってしまいます。家相を知らない人でも、そんなところに長い時間暮らしていれば、健康にも悪い影響があるだろうという考え方です。

鬼門に階段があるのもよくないといわれています。邪気が階段を通って家全体に悪い影響を及ぼすからです。

また、冷蔵庫などない時代は、西日が当たる裏鬼門に配置された台所に置いた食べ物は腐りやすくなります。いい伝えられてきた鬼門、裏鬼門という考え方は、日当たり、湿気、風通しといった自然の力を、できるだけ上手に取り入れて、暑さや寒さをうまくしのごうという知恵だったと思われます。

理想的な家は、東西南北に相対していること。広めの道路に面した東南の角に建てられた家は、日当りがいいし、西から邪気は逃げていきます。家相はまさに、健康で住み心地のいい生活をするための先人の知恵なのです。


【鬼門】

その家の運を下げ、災いを呼び込みます。


変化物事の始まりと終わり、相続、不動産などの意味があります。

配置してはいけないのは、玄関、門、水回り

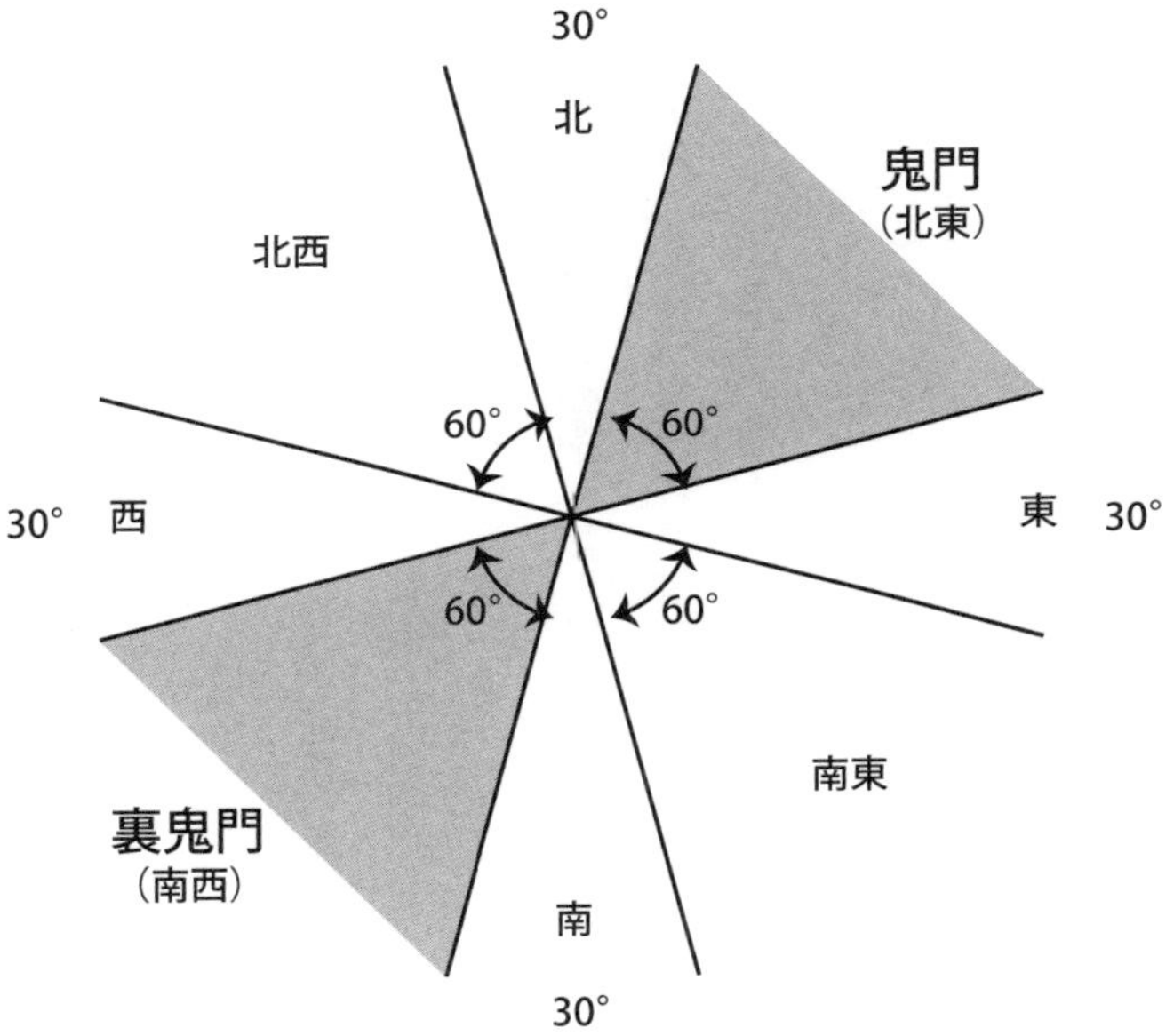

配置してもよい部屋は、寝室、子ども部屋、老人室、書斎

【裏鬼門】

勤労運、家庭運、地道な努力、主婦の運気などの意味があります。

ここが凶相だと忙しいばかりで疲労が蓄積し、努力が報われない、主婦の運気に悪い影響が出て家庭内のトラブルが起こりやすいといわれています。

玄関と門の関係

家の門からまっすぐのところに玄関がある、そんな家は家相的によくありません。訪れる人は、門をくぐって一直線で玄関に向かっていくし、邪気も途中でとどまるところなく、まっすぐ家の中に入り込みやすいからです。こういう家は、空き巣や押し売りが入りやすいともいわれています。玄関の位置を少しずらすなどして、改善する必要があります。

家の中心位置に階段をもっていくのも、できることなら避けたい間取りです。家の真ん中が階段でふさがっていると、動線から見ても邪魔ですね。家の真ん中は、家族がくつろげるリビングスペースにするのが理想です。また、玄関に入ってすぐに目に入る階段や、2階に上がる途中がカーブせずに直線で伸びて2階に届く階段もいいとはいえません。玄関から入った気が直接2階に行き、家の吉、住人の吉が流れやすくなってしまうからです。

地震に強い構造の家

阪神淡路大震災の後、２０００（平成12）年に建築基準法が大きく改正されました。そして、東日本大震災を挟んで、最近の建築の基準では、数百年に1度発生する地震に対して、倒壊・崩壊しないように基準が厳しくなっています。理想的な家の形は四角。地相と同じように、出っ張ったりへこんだりしていないシンプルな形の家で、具体的には、家の縦・横の比率が１：１・６１７の黄金比であることが家相的にもいい家だといわれています。逆に、好ましくない形状は、縦と横の長さが極端に違う家で、こういう家に住んでいると心の安らぎが得られず、浮き沈みの多い人生になりがちです。

マンション、集合住宅の場合も同じです。真上からみた敷地全体の形が四角であるのが望ましいと思います。一言でいうと、バランスのよい形状で偏りがない建物です。コの字型、エル字型、台形の家も、できれば避けたほうがいいと思います。

建物の張りや欠けは、耐震性を弱めます。でも、必ずしも左右対称で四角くなければならないということはありません。構造の強度は、計算でわかります。

変形した家の場合は構造計算することで、弱い部分の構造体を強くするなどしてバランスをとり、耐震性を考えた設計をするのが常識になっています。

複雑な家の形がよくないというのは、湿気がこもりやすくなるし、接続部分などの傷みも早くて雨漏りなどを起こしやすいという理由もあります。実際にメンテナンスが大変です。家はできるだけ凹凸がない四角いほうがいいというのは、大事なマイホームを長持ちさせるための現実的な考え方です。単に家相をあれこれいうだけでなく理にかなっていることだと思います。

地震のたびに改正される建築基準法

建築基準法とは、１９５０（昭和25）年5月24日に定められた法律で、国民の生命・健康・財産を保護する建築物の敷地・設備・構造・用途についての最低の基準を示すものです。

自然災害に見舞われることが多い日本ですから、特に大きな地震があるたびに、この建築基準法は大幅に改正されています。例えば、昭和43年の宮城県沖地震の後、１９７０（昭和45）年に「壁の量に関する規定」が改正されました。阪神・淡路大震災後の２０００（平成12）年には、「壁の配置とバランスに関する規定」「接合部金物の設置に関する規定」「基礎仕様に関する規定」など、大幅に改正されています。

木造住宅もマンションも、１９８１（昭和56）年以前に建てられた建物と、２０００（平成12）年6月以前の建物、そして、６月以降の建物では地震に対しては大きな差があります。

そして２０１１（平成23）年の東日本大震災から7年が経過した今、国は、「２０２５年までに住宅や建築物の耐震化率を１００％に近付ける」という方針を打ち出しています。

パティオ、吹き抜けは凶

今、パティオ（中庭）のある家がおしゃれで現代的な住まいだと好まれているようですが、家相学から見るとあまりよくありません。私の経験からも、真ん中に柱がない家に住んでいた方は、離婚してしまうケースが多く見られました。

土地や建物の真ん中が空洞で欠けているということは、住んでいる人たちにも中心がないということになるからです。エネルギーは玄関から入ってきて、中心を通ってゆったり家中を回るのがよいとされており、家の中心位置が吹き抜けだったり、中庭だと気が抜けてしまいます。吹き抜けは本来あるべき1階の天井がない状態です。大きなホテルやモールなどの建物は別ですが、一般の家庭ではタブーです。

しかし、現代の住宅事情では、良くないと知っていても採光などの関係で中庭が必要な場面もたくさんあると思います。そのときは、①中庭は建物の中心に作らない②雨水などの排水の処理もきちんとすること③空気がよどまないようにする――この３点に注意してください。

地下室は凶

個人の住宅に地下室を作るのも、あまり勧められません。１階よりも下の地下室も、本来ないはずの部分です。左右のバランスと上下の重量のバランスの悪い建物は、地震にも弱いのです。そういうことも頭において、本来の形を崩すような設計は避けたほうが無難です。ただ、それでも地下室を作りたい時は、趣味を楽しむための空間、あるいは収納専用のスペースなど、生活空間以外の使い方に止めておくようにしましょう。

地下を車庫にするケースも珍しくありませんが、実は、大地からのエネルギーが車庫で止められてしまい、気が不足する恐れがあります。どうしても地下に車庫を作りたいというなら、車庫に入り込む水に注意。例えば、雨水などが流れ込んでも十分に排水ができるようにする、安全なスロープを作る、シャッターなどの防犯対策をしっかりと行うなどの対策を取ってください。気が不足するのを補うには、室内に植木を置いたり、地下車庫の上は畳の部屋にするなどの工夫が必要です。

庭に池はNG

地位や名声が上がってくると、池や、鹿威《ししおど》しをしつらえた立派な庭を作りたくなる人もいるようですが、池はよくありません。私の経験でも、池を作った豪邸の持ち主が逮捕されたり、事件に巻き込まれたりしたことがあるのを何例も知っています。

なぜ、庭に池を作ると悪いのかというと、水が濁って悪い気が発生したり、土地が湿りカビが生える可能性があるからです。家の中にも良い気が入らなくなります。床下がカビてしまい、建物の中にまで湿気が入るので凶相です。

どうしても池がほしいなら、水を腐らせないように手入れをよくすること。防水処理を完璧に行うことです。池は、庭の面積の50分の1以下の大きさにし、建物から9メートル以上離れたところに作る、家の中心から正中線に池を作らない、などのことに気をつけて凶相を和らげることもできます。

水はけをよくするためには、庭は建物から50センチメートル以上は低くして、勾配もつけて建物の方に水が流れ込まないような造りにしなくてはなりません。水はけの悪い土、汚れた土を使用せずに、良質の土を吉方位から持ってくることも必要です。

特に、中庭に流れる水を作るのは凶相です。水が流れるということは、「地位が流れる」につながります。総理大臣になった人でも、たちまち失脚してしまった例があります。女性なら流産を意味します。

時々、社長室に大きな水槽を置いて熱帯魚などを飼っている会社がありますが、それもよくありません。事業に失敗したくなければ、すぐに撤去してください。流れる水、常時ポンプで水を流しているのは家相的に凶。個人の趣味で、自宅にかわいらしい金魚鉢を置くくらいなら構いませんが、要職についている人は注意してください。

家相は改善できる

暗い、寒い、じめじめしている、悪臭がする、日当たりが悪い北東の方角は、家相を知らない人でも陰気になります。

もし、鬼門に玄関や階段、水回りがあったら、それらの位置を移せるかどうか、本当に運気を上げるためのリフォームが必要な状態かどうか、専門家に相談してください。例えば、階段の位置が鬼門にあると思っても、よく調べてもらうと正面がその方角からずれていて、大丈夫だったと判断されることもあります。

大きく間取りを替えなくても、建物の張りや欠けを補うように植物や物置を設置して、全体的に四角い形に作ることもできます。もし東南に玄関がなかったら、扉の開閉方向を変えるだけでも家相がよくなることもあります。

鬼門に当たる場所は整理整頓に努め、キレイに掃除して常に清潔に保っておくことで邪気が和らぎます。鬼門のライン上にゴチャゴチャと物を置いてはいけません。また、鬼門の方角はできれば窓にしないで、物置や壁にしたほうがいいですね。もし窓があっても、邪気が入り込まないように空けたままにしないこと。こういうちょっとした工夫で悪い家相を改善することができます。

第4章　気の流れから吉凶を判断する風水

日本独自に発展した風水

風水とはもともと古代中国で生まれた思想で、都市や墓、建物などの位置を決めるために用いられてきました。大地の「気の」流れに注目した環境学。「陰陽」「五行」の考えをベースに人間が持つ気の流れを問えるのが風水の目的、基本ですが、今では幸せを呼ぶテクニックとして定着しているようです。しかし、風水の本当の意味や効果的な技術は、実はまだほとんど知られていません。

現在、日本で行われている風水は、ラッキーカラーを身につけるとか、西に黄色いものを置くといいなど、気軽にできるインテリア開運法になっています。日本独自の解釈が浸透して、風水発祥の地である中国で実践されている本物の風水とは、根本的に異なっているようですが、それも悪いことではないと思います。

風水にはさまざまな流派がありますが、基本は、「らん頭《とう》」と、「理気《りき》」という2つの判断方法です。らん頭とは、地形や建物など目に見えるものから気の流れを読んで吉凶を判断します。理気は、方位や陰陽五行といった目に見えないものに基づいて気の流れを読み、判断する方法です。家の吉凶を考える時には、らん頭の面から考えます。

風水に基づいて建立された京の都

風水学における吉相の地を活かし、その思想をもとに都づくりが行われたことで知られているのが京都です。平安建都から約１２００年の時を経て、今もなお世界中の人々が訪れて歴史と都市の調和がとれた発展と繁栄が続いています。

風水でいう「四神相応」の「四神」とは、東西南北の四方を守護するとされる聖獣のことで、青龍《せいりゅう》、白虎《びゃっこ》、朱雀《すざく》、玄武《げんぶ》といい、それぞれ特徴のある土地に棲むといわれています。東の青龍には、豊かな川の流れがあること。西の白虎には、大きな道があり交通の便がよいこと。南の朱雀には、広大な平野や海があり視界が開けていること。北の玄武には、山や丘陵があること――、京都は四方全てが風水に基づいて作られています。

具体的に、背後に山があり、前方は海や川といった水がある、という風水がいう吉の地形そのものです。さらに個々の建物や町全体も風水に基づいて設営され、今でもその風水の教えを大事に守る姿勢が脈々と続いています。

自宅を中心に考えた場合の理想的ならん頭

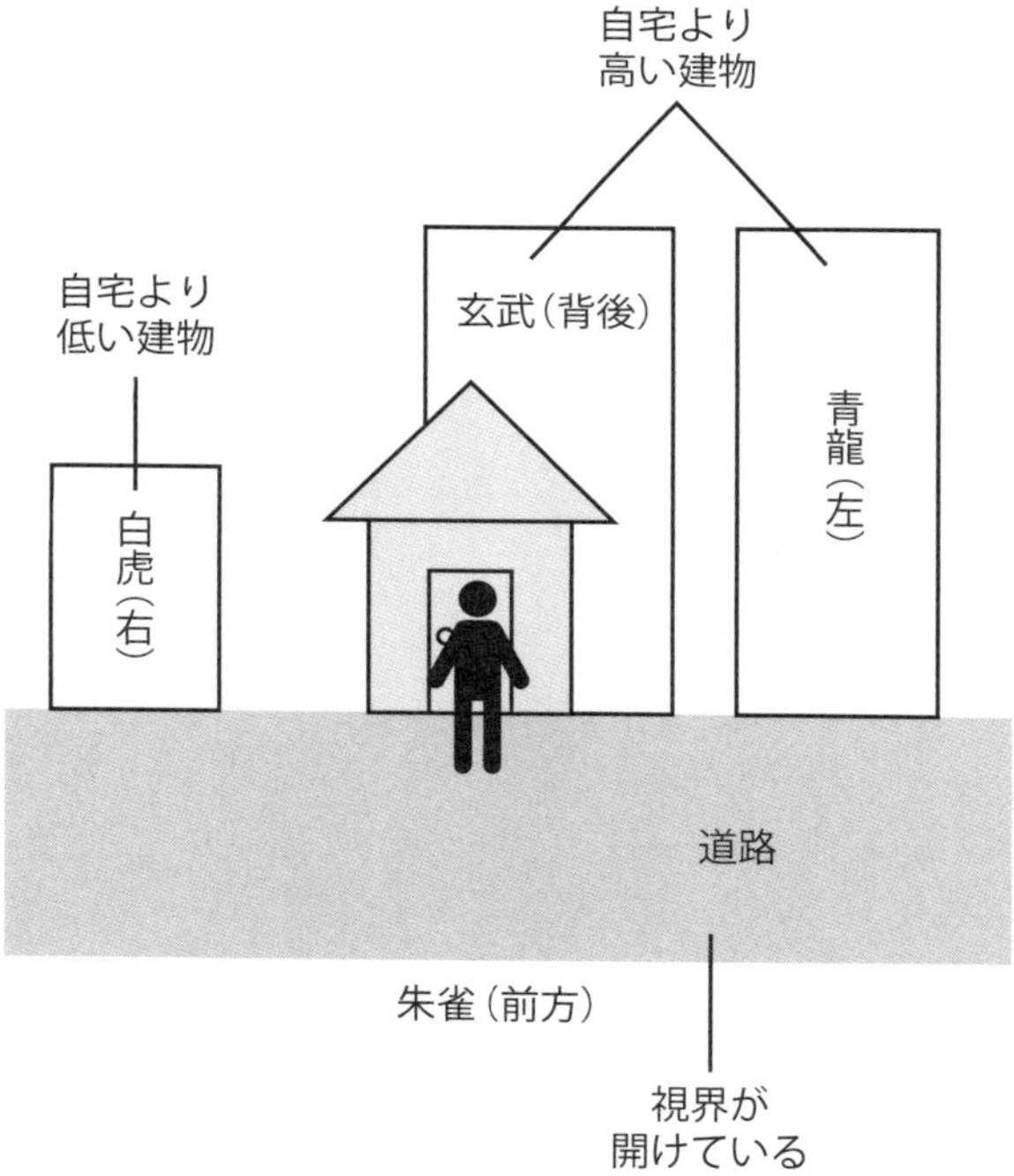

青龍と白虎

風水では、幸運を呼び込むために「青龍」と「白虎」を意識することが重要だと説いています。青龍は安定や財産を象徴し、白虎は争いを象徴します。青龍がより強く、白虎が弱いほうが幸運につながります。

例えば、自宅の玄関のドアを背にした状態で、左側の建物（青龍）が高く大きく、右側の建物（白虎）が低く小さいのが理想です。しかし、家が建て込んでいたり、突然高い建物が建ってしまったりするなど、変化の多い現在では、外側でなく家の中を、風水に基づいて整えようという考え方になってきました。

玄関は家の顔です。自宅の玄関の内側に立って、ドアを開けようとドアノブに手をかけた状態で、向かって左側が青龍で、右側が白虎になります。青龍に高くて大きいものがあるといいので、例えば下駄箱や鏡などを置きましょう。

会社の社長室も注意、社長の机があるところから見て青龍の方角に入口があれば吉、入り口を入って真っすぐの場所に机を置くのはダメです。

また、寝室は、気の影響を受けやすいので吉の方位に置きたいですね。ドアの延長線上は気が出入りする道なので、そこで眠ると気が刺さってしまいます。もし、どうしてもその真っすぐのところしか寝られる場所がなかったら、ドアと寝ている布団の間に衝立を置くなどして、気の流れを妨いでください。

龍脈　（コトバンクより）

風水家相では「龍脈の上に吉相の家を建てて住むと幸せになれる」といいます。龍脈とは大地を流れる幸運の気の通り道のことで、なだらかな丘や山から大地の中を川のように流れていきます。ゆるやかな傾斜地やその周辺が龍脈の流れやすい場所ということになります。

龍脈は目で見ることはできませんが、人はそのパワーを感じ取ることができます。昔から繋栄していた場所、高級住宅地、街道筋、幹線道路や線路が走っていたりする場所は、たいていそのパワー、良い気の流れがあるところです。神社やお寺も、龍脈上のパワーが濃く流れているスポットに建てられていることが多くみられます。

新・歌舞伎座は呪われている？

２０１０（平成22）年4月、旧歌舞伎座が建て替えのために閉場となりました。その年の11月、市川海老蔵の暴行事件が起こったのを皮切りに、梨園の世界では次々に不幸な出来事がおこりました。

２０１１（平成23）年１月に中村富三郎が、11月には、中村芝翫が死去。２０１２（平成24）年２月には、中村雀右衛門が死亡。同年8月に市川染五郎が転落事故で大けがをし、11月には市川段四郎、片岡仁左衛門の体調不良が発覚しました。そして同年の12月に中村勘三郎が、２０１３（平成25）年２月には市川団十郎が亡くなりました。

リニューアルした歌舞伎座は、２０１３（平成25）年4月2日のこけら落としでオープンしましたが、その後もご難が続き、２０１６（平成28）年１月18日に中村梅之助、続いて2月23日には坂東三津五郎が亡くなってしまいました。

名門の歌舞伎役者の訃報続きに衝撃が走ったのですが、これらの不幸は、新しい歌舞伎座が風水に基づいて建てられていなかったことに所以しているといわれるようになりました。青龍と白虎が逆になってしまったのですね。建物を背にして左側（青龍）が高く大きく、右側（白虎）が低く小さいのが理想です。

新歌舞伎座は、かつて劇場脇に祀られていた「歌舞伎稲荷」の上に、銀座で一番高いといわれるビルを背負うような形で作ってしまいました。これは風水的に見ても、周辺の「気の流れ」を乱し遮断している形です。さらに、歌舞伎座建て替えの際に、地下に埋めてあった「要石《かなめいし》」を取り除いてしまったのもよくなかったのではないかともいわれています。風水を意識することはとても大事です。

都庁にまつわるうわさ

西新宿にそびえる東京都庁は、約2年半をかけて建築工事が続いた後、1991（平成3）年4月に丸の内から移転しました。新宿副都心の中心として、行政的な役割を果たす場であるのはもちろん、国内外の観光者が訪れる施設としても人気が高い場所です。

しかし、建物の中央部が吹き抜けになっていて、窓から入った空気が建物にたまらずに抜けていく構造について、当初から、地の気がない、運気が通り抜けて消えていくと、風水師の間では不評でした。

今の都庁ビルが建っているところは、かつて淀橋浄水場があったところ、大きなプールがあったところです。浄水場を埋め立てて建設した都庁は、新宿のエネルギーを一緒に吸い上げ、都庁だけが栄えて地元の中小企業は冷える可能性があるというのです。「伏魔殿※…」と、小池都知事にいわしめた東京都庁ですが、何らかの影響があるのでしょうか。

※伏魔殿とは　陰で陰謀や悪事が常に行われているところ

玉川上水という龍脈

江戸の西側に当たる武蔵野台地は、地盤は固いのですが、水の便が悪いために田畑が作れず開発が遅れていました。現在の新宿や渋谷、四谷などは野原のまま、長い年月、せいぜい馬や牛が飼われていたところでした。その場所が、人が住める土地に改造できたのは、玉川上水という龍脈のおかげです。幕府は、多摩川（当時は玉川）から水を引いてくる大工事を決めたのです。

西多摩の羽村を取水口として、延々と工事を進め、１６５３年までに四谷までの全長43キロメートルの水路を完成させたのは玉川庄右衛門という人の一族でした。この玉川上水という龍脈が通ったことによって、江戸の西側にも人が住めるようになったのです。明治になってこの水路に新しい水道施設がつくられたのが、淀橋浄水場です。

現在の東京都庁が作られた場所です。

当たり前の清潔な暮らし

「部屋の南東に植物を置けばラッキー」とか、「黄色い財布で運気アップ」などというのは、昔からの風水とは少し違います。ラッキーカラーなどを大切にするのもかまいませんが、もう少しシンプルに考えてみようと思います。

風水がいわんとする理想の家は、風通しがよく、きれいな空気が流れる状態です。家全体のエネルギーの流れをよくし、いかに気持ちよく生活するかがポイントです。いい流れを遮るようにものをごちゃごちゃ置かないとか、じめじめと湿気の多いトイレや浴室は、より換気に気を付けて、カビをはやさないようにこまめに掃除をする、などとごく当たり前の清潔な暮らしを促すものだと思います。
心身ともに気持ちのいい住まい、それが風水の基本ではないでしょうか。

建物と庭の関係は陰と陽のバランス

「陰陽」とは、森羅万象《しんらばんしょう》、すべての事象を陰と陽という2つの相反する観点で分類する思想です。全ては、この互いに対立する2つの気の調和によって保たれているという考え方です。陰と陽、どちらかが強すぎれば調和が崩れてしまうから、うまくバランスを取りながら生きていきなさい、というのは老子の教えでもあります。

例えば、建物は陽、庭は陰になります。その陰と陽のバランスを考えた庭造りをしなくてはなりません。敷地にぎりぎりまで建物を建てるよりも、庭の部分を残して、陰と陽のバランスを図るのが理想です。陽が6、陰が4というのが最低のバランス。日本の住宅事情では、なかなか理想通りにはいきませんね。

門から玄関に続くアプローチは、家の中に正常な大地の気と太陽の気を流入させる大事な道筋です。コンクリートですべて覆ってしまうより、飛び石を使って、大地の土の部分を残したほうが良い運に恵まれます。良い方向へ出入りすると、家相の運気は上がります。太陽の直射日光が飛び石に当たるなら、さらにいい運気になります。

道路からの出入り口に、門扉の開閉がなく、アプローチに続くのはよくないとされています。住まいに門があることは構えがあることになり、「格が上がる」からです。玄関までのアプローチが、短すぎる、門ばかり大きいのも、あまりよくありません。家とのバランスが大事です。

風水的にやってはいけないこと（参考にしてください）

・表札のない玄関には良い気が流れてこない。

・玄関から入ってすぐ、真正面の鏡は運気が逃げる。

・玄関わきの段ボールはＮＧ。

・運気アップしたいならドライフラワーや造花ではなく、
生け花を飾る。

・冷蔵庫の上に電子レンジは最も悪い。
相反する水の気と火の気が陰陽のバランスを崩して凶。

・キッチンに財布を放置すると、金の気が火の気に負けて、
金運が下がる。

・モノトーンカラーの部屋は陰の気が強く運気を下げる。

・南枕で寝るのはよくない。
南は火の気を持つので疲れが取れない。
むしろ水の気の北枕の方が、悪い気を流してくれるので
風水的には良い。

「気」ってなんだろう

風水でよく使う「気」とは、どういうものでしょう。それは、大地に充満するエネルギーのようなものかもしれません。

わたしたちの周りの、目には見えないけれど、強力なエネルギーの流れがありますが、その中にはよいエネルギーもあれば、悪いエネルギーもあります。気はお互いに影響し合い、エネルギーの流れとともに、調和か不和、健康か病気、繁栄か貧困化、相反するいずれかがもたらされるのです。

古代中国では、地球上のさまざまな気というエネルギーをいかに上手に扱うかが研究されていました。そして大地の気は風に吹かれて散り、水によって蓄えられることを知り、このエネルギーを効率的に留める方法が考え出されました。これが「風水」です。風水とは大地の気の流れを読んで、いかに暮らしやすい環境を整えるかという技術なのです。

大事なのは、幸運をもたらすエネルギー（生気）をいかすことと、凶運をもたらすエネルギーの流れ（殺気）を避けることです。毎日の暮らしの場所で、殺気に触れたり、殺気を正面から受けることがないようにするにはどうしたらいいかを示しているのが風水だと思います。

気の流れが滞ると病気になる

気の流れとは、目には見えないけれど、風通しが良くて何か気持ちがいい空気が流れているような感じ。天気がいい日に窓を開けて、家じゅうの風通しを良くすると、すがすがしくていい気持になります。同時に、体の中の気の流れも良くなって、明るい気持ちになるでしょう。これが気の流れです。

逆に気が悪いというのは、よどんだ空気がたまっているような、何かうっとおしくて気持ちが落ち着かないし、体調もすぐれずにだるい感じになります。

体の中では、気と血液は一緒に流れているのです。

例えば、同じ姿勢で根を詰めて長い時間仕事をしていると、気や血液が滞り、肩凝りや目の疲れが起こります。首や頭が痛くなります。この状態を放置しておけば、慢性的に疲れが取れず、さらに大病を引き起こすこともあるのです。がん細胞だって、増えてしまうかもしれません。

体の不調は、同時に気分も落ち込ませます。何事にも悲観的になり、自信や、やる気がなくなり、気持ちがもやもやしてしまいます。体の中の気の流れが悪いと、何をやっても上手くいかない、ますます気分は落ち込んでしまう悪循環です。

意識して、よどんでいる気を流してあげないといけません。部屋の空気を入れ替えて、気の流れを良くするのと同じように、体の気も入れ替えましょう。気分転換を意識するだけでも違うと思います。

病気になるか、ならないか、落ち込んだ気分を早く改善できるかは、すべて気の流れが関係しているのです。

第5章　運気をつかむ年回りと方位

方位と家相は切り離せない

万物は太極を中心に動いているというのが、風水家相の考え方。人間の太極とは「心」です。太陽系の太極は「太陽」であり、地球はその太陽に強く影響されています。家の太極は「中心」をさします。

家相の基本は、家の中心から見たパワーの強弱を建物の外観や配置で判断して吉相にすることにあります。相というのは、それぞれの物や方位が固有に持っている特徴や癖、性格のこと。「万物に万もの相あり」といわれるように、一つとして同じ相はありません。

家相とは、単に家の形の吉凶のみをいうのではなく、形に宿っている相のことで、住まいづくりの作法であり、住まい方の作法です。そしてそれは、日常のすべてに影響し、いつの時代も変わりません。

風水家相的に良い家というのは、良いエネルギー、良い運気が満ちている家です。太陽と大地の気のバランスが良い家、風の流れが良い家、八方位の運気をうまく取り入れている家です。

方位と家相は切り離すことができません。吉方位の気を吸収すれば、その吉方位の徳を得ることができますが、それを長く続けて蓄えるのが吉方位に吉相の家をつくることなのです。自然を味方につけ、家相を上手に取り入れることが大事なのです。

よい家相の家

前章までの復習になりますが、もう一度家相の良い家の例をあげてみます。

・吉相の土地に建てる
・変形の土地は避ける
・幸運がたくさん入り込むのは広い家
・凹凸がない家
・外観が穏やか、あまりけばけばしく光ったりしていない家

・風通しが良い家
・日当たりが良い家
・各方位のエネルギーに合った間取り
・建物も内部も陰陽のバランスが取れていること
・景色や夜景がきれいに見える場所にはそこからパワーが流れてくるなど、家の周辺環境も大事

運気の強い人のパワーにあやかる

元総理大臣のNさんが若い頃、よい家に住み替えれば総理大臣になれるというアドバイスを受けて転居を決めたという話は知られています。運気の良い家に住むと運が上がるからと、さっそく世田谷区にある長嶋茂雄さんの家を借りて移り住んだそうです。

長嶋さんは当時、田園調布のご自宅のほかに家を持っていて、Nさんはその家を借りたのですが、長嶋さんの持っている強い運気とパワーにあやかりたいとい

う思いがあったようです。そのおかげでしょうか。実際に、世田谷に住んでいる時に総理大臣になり、総理官邸に引越すまで住み続けていました。

運気の強い人が所有している家や、直前まで生活していた家を借りるというのは、強運にあやかり、パワーをもらうことになります。逆にいえば、悪い運気を持つところに住んでしまうと、運気が下がる、何か不幸が起こるのです。地歴にも同じようなことがあります。

幸運のパワーが得られる場所

人の集まるところには龍脈が流れます。
幸運のパワーが得られるのはどこ？

・乗降客が多い大きな駅の近く
・商店街の近く
・学校の近く
・川の近く　澄んだ水は心を癒してくれる。
（ただし、堤防から近いのは要注意）
・公園の近く
・幹線道路から遠くないところ。
（ただし、排気ガス、騒音、振動があればはマイナス）
・神社やお寺の近く
・高台、南傾斜の土地（東傾斜は健康によく、西傾斜は年配者向き）

良い年回りと悪い年回り

人にはよい運気と悪い運気がめぐってやってくるというのは、日本に根付いている考え方、風習です。気学によると、人の運勢は、九年のサイクルで回っているといいます。気学では、一般的に「良い年回り」と「悪い年回り」があるとされ、その年々、月々に応じた的確な行動をすることによって、努力や実行が認められ成功すると教え説かれています。

また、生年月日から宿命と運を見る四柱推命では、その人の10年ごとの運気（大運）や毎年の運気（流年）が、吉となる年回り、運の良い時期を選んで家を建てた方がよいといっています。不動産の購入、引越しというその人の人生の中でも大事なことを行う時に、年回りなどを参考にするのは意味があるのです。

※節分以降を新年と数えます
例）2012 年 2 月 5 日生まれ→六白金星
2012 年 1 月 31 日生まれ→七赤金星

三碧木星	四緑木星	五黄土星	六白金星
１９３４年 昭和９年生 甲　戌	１９３３年 昭和８年生 癸　酉	１９３２年 昭和７年生 壬　申	１９３１年 昭和６年生 辛　未
１９４３年 昭和１８年生 癸　未	１９４２年 昭和１７年生 壬　午	１９４１年 昭和１６年生 辛　巳	１９４０年 昭和１５年生 庚　辰
１９５２年 昭和２７年生 壬　辰	１９５１年 昭和２６年生 辛　卯	１９５０年 昭和２５年生 庚　寅	１９４９年 昭和２４年生 己　丑
１９６１年 昭和３６年生 辛　丑	１９６０年 昭和３５年生 庚　子	１９５９年 昭和３４年生 己　亥	１９５８年 昭和３３年生 戊　戌
１９７０年 昭和４５年生 庚　戌	１９６９年 昭和４４年生 己　酉	１９６８年 昭和４３年生 戊　申	１９６７年 昭和４２年生 丁　未
１９７９年 昭和５４年生 己　未	１９７８年 昭和５３年生 戊　午	１９７７年 昭和５２年生 丁　巳	１９７６年 昭和５１年生 丙　辰
１９８８年 昭和６３年生 戊　辰	１９８７年 昭和６２年生 丁　卯	１９８６年 昭和６１年生 丙　寅	１９８５年 昭和６０年生 乙　丑
１９９７年 平成９年生 丁　丑	１９９６年 平成８年生 丙　子	１９９５年 平成７年生 乙　亥	１９９４年 平成６年生 甲　戌
２００６年 平成１８年生 丙　戌	２００５年 平成 17 年生 乙　酉	２００４年 平成 16 年生 甲申	２００３年 平成１５年生 癸未
２０１５年 平成２７年生 乙　未	２０１４年 平成２６年生 甲　午	２０１３年 平成２５年生 癸　巳	２０１２年 平成２４年生 壬　辰

九星早見表

七赤金星	八白土星	九紫火星	一白水星	二黒土星
１９３９年 昭和１４年生 己　卯	１９３８年 昭和１３年生 戊　寅	１９３７年 昭和１２年生 丁　丑	１９３６年 昭和１１年生 丙　子	１９３５年 昭和１０年生 乙　亥
１９４８年 昭和２３年生 戊　子	１９４７年 昭和２２年生 丁　亥	１９４６年 昭和２１年生 丙　戌	１９４５年 昭和２０年生 乙　酉	１９４４年 昭和１９年生 甲　申
１９５７年 昭和３２年生 丁　申	１９５６年 昭和３１年生 丙　申	１９５５年 昭和３０年生 乙　未	１９５４年 昭和２９年生 甲　午	１９５３年 昭和２８年生 癸　巳
１９６６年 昭和４１年生 丙　午	１９６５年 昭和４０年生 乙　巳	１９６４年 昭和３９年生 甲　辰	１９６３年 昭和３８年生 癸　卯	１９６２年 昭和３７年生 壬　寅
１９７５年 昭和５０年生 乙　卯	１９７４年 昭和４９年生 甲　寅	１９７３年 昭和４８年生 癸　丑	１９７２年 昭和４７年生 壬　子	１９７１年 昭和４６年生 辛　亥
１９８４年 昭和５９年生 甲　子	１９８３年 昭和５８年生 癸　亥	１９８２年 昭和５７年生 壬　戌	１９８１年 昭和５６年生 辛　酉	１９８０年 昭和５５年生 庚　申
１９９３年 平成５年生 癸　酉	１９９２年 平成４年生 壬　申	１９９１年 平成３年生 辛　未	１９９０年 平成２年生 庚　午	１９８９年 平成１年生 己　巳
２００２年 平成１４年生 壬　午	２００１年 平成１３年生 辛　巳	２０００年 平成１２年生 庚　辰	１９９９年 平成１１年生 己　卯	１９９８年 平成１０年生 戊　寅
２０１１年 平成２３年生 辛　卯	２０１０年 平成２２年生 庚　寅	２００９年 平成２１年生 己　丑	２００８年 平成２０年生 戊　子	２００７年 平成１９年生 丁　亥
２０２０年 平成３２年生 庚　子	２０１９年 平成３１年生 己　亥	２０１８年 平成３０年生 戊　亥	２０１７年 平成２９年生 丁　酉	２０１６年 平成２８年生 丙　申

方位

人は十人十色、それぞれに長所や短所があり、それが個性になっています。大事なのは、自分自身の個性を認識したうえで、判断や生き方に自信をもつこと。あまりにも他人の言動に流されてしまうと、迷ったり悩んだりして主体的な生き方ができなくなります。そうなると人生の満足度は低くなるかもしれません。

九星術・気学を基に、幸福になるためにどのように開運していくかを知るために、「吉方位」を見つけて最適な活用をするのが方位学です。それに振り回されるのではなく、何かの時に参考にする程度でかまいませんから、知っておくことを勧めます。

まずは、基本となる生まれ年の本命星を知ったうえで、生まれ月による月命星を知ってください。

九星別　吉の方位

■一白水星の吉方位

2018年	北東・東・南西
2019年	北・南
2020年	北・南東
2021年	東
2022年	東・南東・西・北西

■二黒土星の吉方位

2018年	南西
2019年	東・北西
2020年	南東・北西
2021年	北東・西
2022年	南・西・北西

■三碧木星の吉方位

2018年	北西
2019年	西・北西
2020年	北東・南西
2021年	東・南
2022年	北・南東・南

■四緑木星の吉方位

2018年	北東・北西
2019年	西・北西
2020年	北
2021年	北東・南
2022年	北・東・南

■五黄土星の吉方位

2018年	東・南西・西
2019年	東・北西
2020年	南東・北西
2021年	北・北東・西
2022年	北東・南・西・北西

■六白金星の吉方位

2018年	東・西・北西
2019年	なし
2020年	北東
2021年	北・南・西
2022年	北・北東・西

■七赤金星の吉方位

2018年	南西・北西
2019年	東・西
2020年	北東・南東・北西
2021年	北・南・西
2022年	北・北東・北西

■八白土星の吉方位

2018年	東・南西・西
2019年	東・北西
2020年	なし
2021年	北・北東
2022年	南・西・北西

■九紫火星の吉方位

2018年	北東・西
2019年	北・南
2020年	北・南西・北西
2021年	北・東・西
2022年	北東・東・南東

インスピレーションを信じて

吉相の土地のことを風水では「流行の土地」といいます。大地の良いエネルギーが流れている流行の土地に、吉相の建物を作ると一番いいのですが、流行の土地を探す方法が方位学です。

良い相の土地を探す際は、かならず実際に現地に行ってみてください。その土地に立った時、何かしらのインスピレーションを感じるものです。嫌な気がする土地、ピンとこない土地だったら、無理をしないで即決しないほうがいいでしょう。ちょっとでも迷ったら、購入しない、吉方位の土地をさらに探して、現地に行き、ピンとくる土地が見つかるまで妥協しない、焦らないことが大事です。

八方位それぞれにエネルギーがある

家相方位の基本になるのは北、磁石がさす北です。地図や建築設計図のさす北とは少しずれています。方位磁石のさす北を正しく読み取ってください。

方位には8つの方向、中心を入れると9方位あります。天の気が太極（中心）に集中し、それが8つの方向に分かれて働きます。8つの道が8方位の気で、天地間のすべてはこの気によって成されているのです。古くから家相に使われている方位盤を参照にしましょう。

家相方位は、北、東、南、西を四正方位と呼び、30度の幅があります。北東、東南、南西、北西を四隅方位といい、60度の幅があります。さらに方位は十干、十二支、九星でも表されます。

方位は、北、東北、東、東南、南、南西、西、北西、中心の9つに分けられ、それぞれその方位に特徴的なエネルギーがあります。

北　落ち着きと信頼、秘密を守る力、貯蓄、愛情、子宝の運気があります

東北　相続、財運、健康、不動産運に影響します。

東　太陽が昇ってくる方位、明るい希望や新しい計画、発展、仕事、やる気、元気、若さをもたらします。

東南　縁談や交際、信用、旅行などの運を取り持ちます。

南　センス、デザイン、インスピレーション、知恵、才能、名誉、直観力、くじ運、懸賞運などを持ちます。

南西　安定、家庭、不動産、健康、根気強さなどのパワーがあります。

西　食事、会話、喜び、金運、商売運、恋愛運などがあります。

北西　精神的な落ち着き、神仏の加護、目上の人からの手助け、事業、勝負、スポンサー運があります。

中心　八方位のパワーが集約する場所で、結論、頂上運のエネルギーを持ちます。

八方位の方位盤

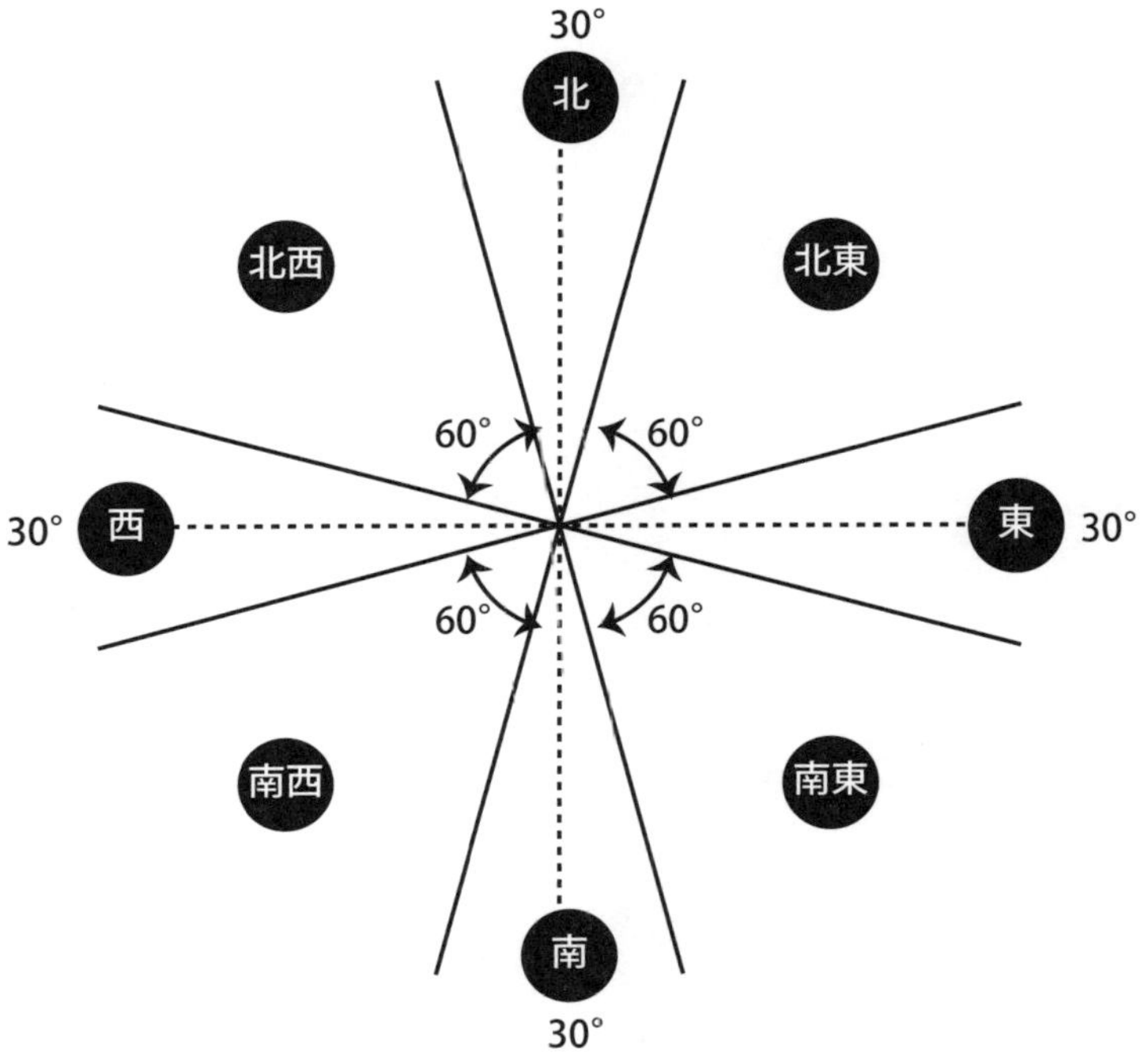

引越しは開運のチャンス

自分たちにふさわしい家を選んだら、それまで住んでいたところから新しい家へ引越すことになります。転居は、進学、独立、結婚、離婚、就職、転勤、転職など、人生の大きな転機に関わっていることが多いと思います。人生の節目です。家を選ぶタイミングは、その人生の節目に密接にかかわるのですから、決しておろそかにしてはならないのです。

人には必ず転機が訪れます。その時は転居を伴うことが多いのですが、その転機に当たって最高の方位に移動することができれば福が生じるのは間違いありません。「吉凶禍福は動より生ず、人が移動するときに変化が起こる」といわれているることです。タイミングよく、いい方位に移動できれば、運気がぐんと上がり、悪い方位に移動してしまえば運気も落ちてしまいます。

まず、転居先が、今いるところから見てどの方位に当たるかを調べましょう。現住所を起点にして転居先への方位を調べるインターネットのサイトがあります。ぜひ利用してみてください。

吉日、もっとも良い引越しの日取りを決めても、何らかの事情でその日に引越しができない場合もあるでしょう。その時は、その日に、住人の枕や寝具だけを新居に運んでしまうだけでも大丈夫。吉日に引越ししたのと同じことになります。

気の流れが悪影響を及ぼすケース

不動産、家を購入する時、あるいは借りる時に、避けたほうがいい物件がいくつかあります。いくら安くてもほかを探しましょう。

・カーブの鋭い角に建つ家――車が飛び込んでくる危険があるし、何よりも鋭い角はよくありません。

・正面に2軒の高い建物の隙間が来る物件――その隙間から常に風が吹き込んできて、良い運気も飛び散ってしまいます。

・玄関が、正面のお宅の玄関と向かい合っている物件――お互いの気がぶつかり合ってしまいます。玄関にのれんをかけるなどして、相手の玄関を見えないようにするといいでしょう。

・T字路の突き当りに建っている物件――道路の悪い気の影響を家がそのまま受けてしまいます。家とT字路の間に、塀や生け垣を作るなどして悪い気をブロックしましょう。

・周囲に比べて飛びぬけて背が高い物件――気の流れが不安定になり、健康面からも勧められません。

・近くの建物の角がこちらを向いている物件――建物の角からは殺気が出ると考えられているので、その悪い気をまともに受けてしまうからです。角が目に入らないように植物を置いたり、カーテンを取り付けるといいでしょう。

・近くに電波塔や電柱がある物件――電波塔や電柱が近ければ近いほど影響が大きいので、出来るだけ避けてほしいと思います。

いずれも、気の流れによって悪影響を及ぼすケースです。

建物の中の気の流れをよくするために大切なのは、まず換気をすることです。締め切って空気の流れのないままでは、家の中の気も滞ってしまいます。

また、外からくるエネルギーの源である気をうまく迎え入れるには、玄関の扉は内側に開くのが理想です。良い気を受け入れるためには、玄関を入ったら広いホールを設けるのが一番ですが、普通はスペース的にそんな余裕は取れません。玄関の先に廊下を付けて良い気を奥へ通すようにしましょう。ただし、出ていく気（排気）が、玄関から入ってくる気と真正面からぶつからないように、玄関から直接まっすぐに階段というのもよくありません

タワーマンションはなぜよくないのか

従来のマンションよりも際立って高い高層マンションに入居する人たちが増えています。見晴らしがよく、上層階であるほど価格が高くなりますから、そんな高級マンションで生活することにあこがれる人もいるのでしょう。でも、わたしは将来的に長く住み続ける住宅として、このタワーマンションで暮らすことをあまりお勧めしません。

国民生活センターの報告でも、高層階に住んでいる家庭の子どもは、外遊びが

減少して室内にこもりがちになり、人とのコミュニケーションがうまく取れない傾向があること、大人も高血圧や貧血、頭痛、肩凝りなどの症状が出る人が多いということなどが報告されています。生活の場として、心身の健康を守る癒しの空間にはならないのではないでしょうか。

２０１６（平成28）年11月、政府は、タワーマンション高層階の固定資産税を増税する方針を固めたそうです。これまで一部の富裕層が相続税の節税対策として積極的に購入していたタワーマンションの高層階の部屋から、より税金を多くとろうという国の目論見でしょう。タワーマンションを投資の対象として購入しても、おトクとはいえなくなるかもしれませんね。

タワーマンション症候群

わたしのお客さまで、タワーマンションの購入を希望された方がいらっしゃいました。30代の女性実業家ですが、ご主人と離婚されたシングルマザー。わたしは、子どもが住みやすい部屋をと思い、ペットを飼うことができる広めの庭がついた住まいを勧めましたが、彼女は、今はやりのタワーマンションを強く希望されました。高層の窓から夜景を眺めて1日の疲れを癒したい、セキュリティーのしっかりした高層マンションをとおっしゃるので、見晴らしがいい高層マンションの最上階を紹介しました。

お客さまはとても喜ばれたのですが、しばらくしてから連絡がありました。お子さんが家の中に引きこもって元気がないので引越しをしたい、といわれるのです。ご自身も体調を崩しておられました。

子どもは、地面に近いところでのびのび暮らすのが一番いいのです。幼いころから高層階に住んでいると、高いところが怖いと感じなくなります。高所平気症……。学力低下や自立が遅くなるという人もいます。大人でも下に降りるのが面倒で出不精になり、運動不足、ストレスがたまってくるのは明らか。地震の揺れも、大きく長く続きます。エレベーターが止まってしまえば外界から孤立してしまう……などの不安もあるでしょう。

高層マンションと健康との関係

6階以上に住んでいる人は、その階以下に住んでいる人に比べて、めまいや偏頭痛が起きやすい、子どもの発達や自立が遅い、常に揺れている感じがする、長い時間家にいる主婦の飲酒率が高い、流産が多いなどのことが起こっているという報告があります。高層マンション症候群と言われているそうです。

1994年、東海大学医学部逢坂文夫氏による研究論文で「高層階に住む33歳以上の女性の流産率は約4割」と発表されました。10階以上に住んでいる女性は、1〜2階に住む人に比べて流産の危険性が約3倍もあるというのです。また、6階以上に住む妊婦さんの4人に1人が流産の経験があり、5人に1人が流・死産している、10階以上になると2人に1人が流産しているというのです。

イギリスでは、子どもがいる家庭は4階以上に住んではいけないという法律があるそうです。1970年に「高層住宅に住むことは子どもの健全な発育を阻害する」という調査報告が出て以来、高層マンションはほとんど造られていません。

先進国の中でも、タワー型のマンションをいまだに造っているのは日本だけなのです。高層階に住むことによる健康面での悪影響を示唆するデータは、今後もいろいろ出てくるかもしれません。あまり表ざたにはされていませんが、目をつぶってはいけない事実があるということを知ったうえで、選択することが大事だと思います。

訳アリ物件・いわくつき物件にはご注意

わたしが家選びで何よりも大切にしているのは、その物件、土地や建物が運を持っているかどうかです。幸運を持っている土地や建物なら、お客さまにその物件を勧めるべきだし、もし悪運を持つものなら、避けた方が賢明でしょう。

それまでの人生がうまくいっていたのに、ある物件を手に入れて住まいを移した途端に運が悪くなってしまった人たちの例を、わたしは数多く見てきました。中でも忘れられないのが、田園調布の物件を巡る売買です。

美白の女王として一世を風靡した鈴木その子さんを覚えていますか？

専業主婦だった彼女は、遺産相続をきっかけに会社を興し、料理研究家・美容研究家として大活躍しました。彼女が書いた「やせたい人は食べなさい」(祥伝社)はベストセラーになりました。その後、銀座の一等地に自分の店をオープンするなど、60代になってからの活躍は目覚ましいものがありました。

順風満帆だった鈴木さんは1998(平成10)年に、東京の高級住宅地、田園調布に土地を購入しました。ところがそのさなか、2000(平成12)年、急逝したのです。

彼女が購入した田園調布のその土地は、横井英樹氏の邸宅跡地でした。横井英樹氏は、1982(昭和57)年、火事で33人もの焼死者を出したホテルニュージャパンのオーナー社長です。多くの企業を手中にして大きくなっていった実業家で、トラブルも絶えなかった人です。

鈴木その子さんが購入したその土地は、いわくつきの土地だったのです。物件に染み付いた数々の怨念のようなものが作用したとしか思えません。そんな訳アリの物件には決して手を出してはいけません。

第6章　心が安定して健康になる家

浴室が命取りに

2016（平成28）年10月23日、一人暮らしだった俳優の平幹二郎さんが、風呂場で亡くなっているのが発見されました。82歳でした。高齢者が家の中で死亡する原因の中で、入浴中の死亡事故はとても数が多いのだそうです。方位とか風水のことは知らなくても、北向きで壁や床がタイル張り、大きな窓があり暖房もない浴室で、特に冬場の入浴は危険だということがわかると思います。

真冬の気温が低い日、暖かい部屋から出て浴室に行くと、急に寒くなります。しかも服を脱いで裸になるのですから、ぶるぶると震えがきてしまいます。その時、血管はギュッと縮み、急激に血圧が上がります。これは、外気から身を守り熱を外に出さないようにする、体の反応なのだそうです。冷たい脱衣所で血圧が急に上がった直後に熱い湯につかると、水圧によって心臓に負担がかかり、さらに血圧は上昇します。その後、体が温まると、今度は血圧が急激に下がります。

高齢になると、この血圧の変動は大変な危険信号です。心筋梗塞、脳卒中、意識不明になって、溺死…。急激な温度差に伴う体への悪影響を、ヒートショックといいます。

ヒートショックで命を落とさないようにするためには、室内の温度変化を少なくすることです。脱衣所に暖房を入れて暖かい中で服を脱ぐ、あらかじめ浴槽のふたを開けて浴室の温度も上げておく、シャワーのお湯を浴槽にためる、浴室の床が冷たくないようにマットを敷く、浴室の窓には断熱シートを張るなどして冷気が入り込まないようにする、などの工夫が必要です。高齢者の入浴は、まだ明るく暖かい時間帯にしたほうがいいかもしれません。

ヒートショックの影響を受けやすいのは

温度の低い浴室で裸になった時、急激に血圧が上昇すると、脳出血や脳梗塞、心筋梗塞などが起こる危険があります。逆に、熱い湯につかって急激に血圧が下がると、脳貧血を引き起こし、めまいを生じて転倒、ケガをしたり、頭をぶつけて失神、お湯につかったまま意識がなくなると、溺死の危険性もあります。

ヒートショックの影響を受けやすいのは、高齢者、高血圧や糖尿病の持病がある人、動脈硬化症のある人、肥満気味の人、睡眠時無呼吸症候群などの問題がある人、不整脈がある人は要注意。また、熱いお湯が好きな人、お酒を飲んでから入浴する人も危険、一番風呂はよくありません。

ヒートショックを防ぐ工夫あれこれ

・脱衣所に暖房器具、居間と脱衣所の温度差を少なくする
・浴室をあらかじめ温めておく　浴槽のふたをあけておく、シャワーでお湯を流しておく
・急に湯船に飛び込まない　心臓に遠い手足にお湯をかけてから
・一番風呂はよくない
・お酒を飲んだら入浴しない
・食後は1時間以上開けてから入浴する
・入浴前に、コップ1杯の水を飲む　脳梗塞や心筋梗塞を防ぐため

・お湯の温度は低めに　心臓に負担をかけない設定温度は38～40℃程度
・高齢者や高血圧の人が入浴している時は、家族が時々声をかけてあげよう
・半身浴がお勧め
・浴槽から出るとき、急に立ち上がらない
・銭湯では、いきなり浴槽に入らずに、先に全身を洗う
・シャワーは座って浴びる　血圧の下降も抑えられ、倒れた時のリスクも減少
・可能なら、「浴室暖房乾燥機」の設置を

冷えない家

伝統的な日本の一戸建て木造家屋は、風通しはよいけれど冬場に室温が下がりやすいのが欠点でした。今の住宅は、マンションはもちろん、一戸建てでも断熱効果が優れています。基礎工事で断熱材をしっかり入れたり、２重ガラスやサッシなど、熱を外に逃がさない工法が主流になってきました。

高断熱・高気密、冷暖房システムが整って、家じゅうがすっぽり魔法瓶のよう

な構造になっていて、暖房を消した後、朝まで家の中の温度が下がらないような家も登場しています。どの部屋も温度差がないヒートショックの心配のない家です。小さい子どもやお年寄りのためには、こういうシステムを取り入れた家も必要でしょう。

いくら暖房をつけても、足元からジンジンと冷えてくるような家は要注意。顔だけほてって、体が冷えるのは万病の元になります。特に、疲れがなかなか取れないのは、足の冷えと大いに関係があるといわれています。床暖房やホットカーペットを活用するのもいいけれど、無垢材の床にすることを勧めます。

湿度や温度を一定に保つ無垢材

木造住宅に用いる木材の多くは、小切れの木材を接着剤で再編成した合板や集成材と呼ばれる木材を用いています。理想的なのは無垢材、1本の原木から角材や板を必要な寸法で切り出した木材です。価格は高いのですが、無垢の木は人のように呼吸をしています。湿気が多ければ木がそれを吸い込み、乾燥していれば木の湿気がそれを吐き出します。つまり、部屋の湿度や外気に応じて、室内の湿度を調節する機能があるのです。

また、無垢の木には蓄熱作用があり、部屋の温度を保ちます。無垢材で作った床は、冬は一度暖まると冷えにくく、逆に夏はひんやりと1年中快適に過ごせます。

木材は紫外線の呼吸率が高く、目にやさしいという特徴もあります。木の床には適度な弾力があり、衝撃を吸収するため膝を傷めない、断熱性が高いので肌触りがよいなど、木はさまざまな長所を持っています。理想の家は、木の家。強くて耐久性に優れているだけでなく、光や音を優しく受け止め、人に心地よい住環境を作るのです。これこそストレスのない、病気になりにくい家だと思います。

カビは喘息や肺炎の原因に

風呂場だけでなく、部屋と部屋との温度差があまりにも激しいのは健康にもよくありません。ただし、家中を暖かく均一にする住宅は、一方でダニやカビの繁殖を促す危険性もあるのです。特に冬場は乾燥を嫌い、加湿器を用いる人が増えています。インフルエンザなどを予防するには、湿度を保つことが大変重要ですから、加湿器は有効でしょう。しかし、過度な湿気はカビの繁殖を促します。

カビは喘息や肺炎を起こす原因となります。ウイルスや細菌が原因の肺炎でなく、カビを吸い込んだために起こるアレルギー性の肺炎は、普通の抗生剤では治りにくく、セキがなかなか取れずに微熱が続いて呼吸困難になるなど重症化する例もあるそうです。

カビは、風呂場など常にじめじめと湿気の多いところを好んで繁殖します。畳やカーペットの裏側、室内に入れてある植物などにも要注意。発生したカビは、家じゅうを浮遊します。浴室に生えてくる黒カビは、喘息の原因となります。加湿器の水を取り換えなかったり、エアコンの掃除を怠ったりするのも、そこにカビが繁殖する要因になります。家の中のほこりに住み着くカビやダニも喘息の原因です。

健康に悪いカビの種類

人体に悪影響を与えるカビには、カンジダ菌、白癬菌《はくせんきん》、アスペルギルス菌、アルテルナリア、クリプトコッカスなどがあります。

カビは、栄養のある多温多湿の環境ならどこでも発生し、食べ物、植物、プラスチックなど、所かまわずどんなものにでも発生します。カビは、５～35℃の中で生息し、特に20～25℃、湿度65％以上の環境を好みます。

カビによって引き起こされる病気には、真菌性肺炎、白癬菌による皮膚真菌症（水虫）、カンジダによる食道炎や胃腸炎、クリプトコッカスによる髄膜炎などがあります。また、カビによって喘息、アトピー、アレルギー性鼻炎などのアレルギー性疾患も誘発されます。

カビによるアレルギー性疾患

風邪などの感染症は、普通免疫が低下した時にかかりやすいのですが、カビによるアレルギー性疾患は、免疫力に関係なく起きてしまいます。カビによるアレルギーで多いのが、「アレルギー性気管支肺アスペルギルス症」といわれる病気です。もともと気管支喘息を患っている人に発症しやすいのですが、通常の喘息とは違ってコントロールが難しい難治性の喘息です。進行すると常に息切れや呼吸困難を示すようになりますから、アレルギー体質の人は注意が必要です。

また、トリコスポロンというカビの胞子を繰り返し吸い込むと、肺でアレルギー反応が起きて炎症を起こし、繰り返し肺炎になります。このカビは、湿気が多く日当たりが悪い古い木造の家に多く発生し、30～40歳代の女性にこの症状が多く見られます。

大量のカビを吸い込んでから4～6時間以内に、痰のあるセキや発熱など、風邪によく似た症状で始まり、徐々にセキが強くなってくるのが、夏型過敏症肺炎と呼ばれる病気です。カビが原因ですから、元を絶たないとなかなか治りません。

病気にならないためのカビ対策

カビが好むような環境を作らないのが第一です。

・部屋の湿度は50％前後に保つ――十分な換気、必要に応じて加湿器も活用しましょう。

・寝具の手入れをこまめに――天日干しや押し入れに除湿剤、布団乾燥機もつかいましょう。

・押し入れや物置も湿気対策――定期的に荷物を整理して換気を

・水回りにカビを発生させない。流しも洗面台も、濡れたままにしないこと。

・カビが大好きな風呂場――見えないところにいつの間にかカビが繁殖していることもあります。壁や配管回りも洗浄液を使ってこまめに掃除をしてください。

・洗濯機の中にもご用心

・特に冬場は結露が付きやすい、窓回りにも注意を

化学物質に反応するシックハウス症候群

新築の家や、壁紙を張り替えたばかりのマンションなどに入ると、目がちかちかしたり、かゆくなったり、鼻水が出たり、のどが痛くなったり……、そんな経験をしたことはありませんか。外に出ればじきに治ってしまう人がほとんどでしょうが、そんな家で生活をし続けているうちに、皮膚がかゆくなって湿疹が出たり、重症になると頭痛や体に痛みを感じ、気持ちが悪くなることもあります。

これは、壁紙に使用した接着剤や建材などから発生する化学物質などが体に反応して生じる健康影響で、「シックハウス症候群」とか「化学物質過敏症」と呼ばれているアレルギー障害の一種です。建築材料や家具などから発散されるホルムアルデヒドやトルエン、キシレンなどの有機溶剤、衣類やじゅうたんなのに含まれる浄化剤や可塑剤《かそざい》、殺虫剤、害虫退治剤、重金属などが原因物質だと考えられています。

特にリフォームの際には注意してください。快適になるはずのリフォームで、壁紙を張り替えたらシックハウス症候群になった、かえって不健康になったなどということのないように。

シックハウス症候群・化学物質過敏症

室内の微量な化学物質に敏感に反応して、頭痛、関節痛、筋肉痛、目の痛み、倦怠感、微熱、腹痛などさまざまなつらい症状があらわれてしまう状態をシックハウス症候群といいます。

化学物質過敏症とは、排気ガスによる大気汚染やさまざまな揮発性化学物質などに反応して生じるさまざまな身体的な不調がおこること。アレルギー反応の一つと捉えられていますが、自律神経失調症、更年期障害などと片付けられているケースも多く、理解されずに悩んでいる人たちも少なくありません。

建材などに含まれる主な化学物質

ホルムアルデヒド・・・合板、壁紙などの接着剤
アセトアルデヒド・・・防カビ剤、香料など
トルエン・・・内装材、家具などの接着剤、塗料
キシレン・・・内装材、家具などの接着剤、塗料
エチルベンゼン・・・内装材、家具などの接着剤、塗料
クロルピリホス・・・防アリ剤、農薬
スチレン・・・ポリスチレン樹脂、合成ゴムなど
その他、フタル酸ジ-n-ブチル（塗料、顔料）、テトラデカン（灯油、塗料）、ダイアジノン（殺虫剤）など

発がん性もあるホルムアルデヒド

建材や壁紙などに使われている化学物質の中で、健康への影響が最も大きいのは、発がん性があるといわれているホルムアルデヒドです（次頁参照）。

化学物質によって起こる、シックハウス症候群の増加が問題になってから、厚生労働省と文部科学省では、ホルムアルデヒド、トルエンほかの室内環境指針値を定めました。２００３（平成15）年、国土交通省も改正建築基準法で同様の規制値を定め、新築の住宅に24時間換気システムを設置することが義務付けられました。

新しい基準では、ホルムアルデヒドの発散量に応じて建材に等級が付けられ、それ以外のものは使用できなくなりました。発散量が最も少ない等級の建材には「F☆☆☆☆」という印が付くので、家を建てる時やリフォーム時にチェックしやすくなりました。それでも、ホルムアルデヒドもゼロではありませんし、化学物質にはほかにも多くの種類があります。家具やカーテンなどに使われている化学物質もありますから、注意するにこしたことはありません。

ホルムアルデヒドとは

刺激臭のある無色の気体で、水によく溶け、非常に安価な防腐剤なので、かつては接着剤や塗料などに使われてきました。しかし、発がん性があるらしいということがわかってからは、各国で使用が中止されています。

材料には含まれていなくても、熱分解などによって材料の中から分離して出てくる潜在アルデヒドの存在が問題です。ホルムアルデヒドはごくわずかですが空気中にも含まれていますし、家具などに含まれているものが石油ストーブやたばこの煙などに反応して生じてしまう可能性もあります。室内から完全に除去するのは非常に難しい物質です。

換気に優れた家

24時間換気システムとは、ファンなどの機械を使って2時間に1回、家じゅう

の空気が入れ替わるように計画的に換気し、24時間、常に新鮮な空気を維持するシステムです

特に住宅の高気密化・高断熱化などが進むと、化学物質による空気汚染が起こりやすくなります。湿度が高いと細菌、カビ、ダニが繁殖しやすくなるだけでなく、石油ストーブやガスストーブからも一酸化炭素、二酸化炭素、窒素酸化物などの汚染物質が放出されます。タバコの煙にも有害な化学物質が含まれています。それらの有害物質が室内にたまらないように、換気はとても重要です。

朝起きたら窓を開けて、換気扇を回す、帰宅したらまず窓を開けて、換気扇を回す習慣をつけましょう。窓開けと換気扇の使用を両方一緒に行うことで、素早く室内の換気ができます。

シックハウスを防ぐ自然素材

アトピー性皮膚炎やシックハウス症候群の原因と考えられている建材などの有害物質を避け、できるだけ自然素材を使おうという取り組みもあります。

現代住宅の中に取り入れられているのは、和紙などの紙素材、石、無垢材などの木材、珪藻土《けいそうど》など。また、渋柿を発酵させて作った昔ながらの塗料〝柿渋《かきしぶ》〟も、子どもやペットのいる家庭にも安心な自然塗料として人気です。柿渋は、時間がたつと色合いが変わっていい味が出てきます。

うつ病予防に照明を活用

わたしたちはだれでも、ちょっとしたことが原因で気持ちが落ち込んだり、憂うつな気分になったりすることがあります。でも、数日もするとそれは回復して、また元気にがんばろうと思うものです。ところが、一日中気持ちが落ち込んだままで何をする気も起らず、いつまでたっても気分が回復しない、普段どおりの生活が送れない、夜も眠れなくなる、そんな状態が続くのがうつ病です。

多くの場合は、朝が最も悪い状態で夕方にかけてやや回復していきます。学校や職場に行けない、一日中部屋にこもったままというのも特徴の一つでしょう。

うつ病の対策として、朝日を浴びる、明るい日差しに当たることで改善を期待する方法もあります。特に日照時間が短くなる冬季に起こる季節性うつ病の治療には、照明装置で強い光を浴びる「高照度光療法」が用いられることがあります。光を浴びることで、体の状態を整えていこうとするものです。

睡眠障害の人にも光療法という治療法が用いられます。光が少なく薄暗いところでずっと過ごしていれば、気分が沈んでしまう人もいるはずです。光はとても重要です。

光を浴びる一番簡単な方法は、外出すること。昼間に外に出れば、自然に太陽光を浴びることができます。外に出て散歩をすれば、多少の運動にもつながりますし、気分も爽快になり、うつ病の予防にもつながります。

ただ住まいが北傾斜の土地などにあるために朝日が入らず、昼間も日当たりが良いとはいえないところにある場合は、照明でカバーすることを考えましょう。外出できなくても、昼間は明るい照明の下で過ごし、夜寝る前はやや暗くして気持ちを落ち着かせる——照明を上手に活用してください。

明るすぎる家もよくない

太陽光線はとても大事です。なるべく窓を大きくとって、家中を明るくしたいと思うのが普通です。でも広い窓や大きなガラス張りの扉ばかりでは、耐震上の壁量が不足して構造的に弱い建物になってしまいます。

また、直射日光が室内に差し込むと、日の当たるところと当たらないところが同じ部屋の中にできて、そこに殺気を生む凶相ともいわれています。明るい場所だけでなく、暗い場所も必要です。陰と陽のバランスが悪いと、精神的に落ち着かず、熟睡できない原因にもなる可能性があります。ほどほどのバランスが大事。

心の安定、ペットと暮らす家

今、家族の一員としてイヌやネコと生活を共にしている人がたくさんいます。ペットとの暮らしは、生活に張りや潤いを与えてくれます。心の安定を生み出すのも確かです。

集合住宅やマンションでは、ペットを飼ってはいけないところもあるでしょうが、もし許されるのなら、ペットと快適に暮らす家づくりも大切だと思います。例えば、猫は高いところが大好きですから、その習性をかなえてあげるような動線を考えた間取り、散歩から戻った時、家の中には入る前に大型犬の足を洗える水場を設ける、嫌な匂いが澱《よど》んで一か所にたまらないようなペットのトイレ周りなど、さまざまな工夫とアイデアを取り入れて、ペットと暮らすための快適な家づくりも必要ですね。

犬と快適に暮らす例

・犬が外に飛び出さないように、門の中にゲートを設ける。
・ゲート脇に足洗い場を設置。散歩から帰ってきたら、まずここで洗う。
・滑らないように床はコルク張りにして、特殊なシリコン加工を施す。
・階段の一段は低めに。

・ペットの抜け毛をすぐに掃除できるように、用具の収納場所を工夫。
・階段途中や玄関わきに、犬用の窓をつける。
・バリアフリーで動きやすい間取り――、ペットに優しい家は、お年寄りにも優しい家です。

あとがきにかえて

毎年、イギリスの放送協会ＢＢＣが発表している「１００ｗｏｍｅｎ」の〝２０１６年の顔〟に、若くして、がんで亡くなられた元アナウンサー小林麻央さんが選ばれたことは、皆さんの記憶に新しいと思います。これは、この1年間に、世界の人々に最も影響を与えた１００人の女性たちが選ばれるものですが、日本人では初めてのことでした。ご存知のように、小林さんは、自らのブログで「病気に支配されるのはやめた、なりたい自分になる」と、がんに立ち向かう真摯な姿勢を発信し続けて大きな反響と共感を呼んでいました。

落ち込んだり後悔していては何も始まらない、嘆き悲しんでばかりいないで前を向いて、今できることをする…、そんな彼女の姿に励まされ、勇気をもらった人たちはたくさんいるでしょう。

今、２人に1人ががんになる時代といわれています。がんが原因で命をなくす人も増えています。がんの治療法はずいぶん進歩していますから、がんだとわかっても、必ずしも死に直結するとは限りません。希望をもって治療に励む人たちもたくさんいます。でも、そうはいっても、がんにならないですむにこしたことはないのです。

自分の家を造る、買う、または家を借りるのは、一生のうち最も大きな仕事です。これまでのように、駅からどのくらいの近さか、いくらかなどというだけの基準ではなく、がんにならない、健康になる、出世するような家を基準に、住まいを求める方も増えてきました。家は体の健康、心の健康にも影響します。

でも、ほとんどの方は、そういうことはあまり考えずに家やマンションを買っているのではないでしょうか。例えば、北向きのマンションと南向きのマンションとは、それほど価格に差がないのが現実です。傾斜のある土地に整備された建売住宅の場合も同様で、南傾斜の分譲地に比べて北傾斜のほうがずいぶん安いかというと、そうでもないのです。

健康面に与える影響を考えたら、もっと差がついてもいいのではないかと思っていますが、実際には、坪単価、広さだけで価格を設定していますから、値段はあまり変わりません。もちろん、南向きの物件から先に売れてしまいますから、北向きは売れ残った物件ということで、多少安くなっているだけです。土地や家を購入する時の基準とする所を、もう一度考え直してください。

高齢社会に突入した今、団塊世代の人たちは仕事を卒業し、悠々自適の生活を送っている人も多いでしょう。夫婦2人で自由に楽しく第2の人生を満喫している人がいる半面、健康を害し、苦しい思いをしながら薬が手放せない人もいます。将来、北向きの暗くてじめじめした家の中で、何日も発見されずに亡くなっていた、なんていうことにならないようにしたいものです。

また、気候の変動が激しい昨今、予想もつかない災害に巻き込まれてしまうケースがあるかもしれません。高台にあって日当たりが良く、地盤が強くて、地震、津波、陥没、土砂崩れなどの自然災害にあわずにすむ家、そういうポイントをおさえた家選びも必要でしょう。これからは、心身ともに健康でいられるような明るくて住みやすい家、病気にならずに長生きができる家選びが最も重要視されてくると思います。

土地にも歴史があるように、人間にも家系図があります。親兄弟、祖父、祖母など血のつながった親戚筋の人たちに、がんで亡くなった人はいないか、これからは結婚する時に、家系図とともに、父・母・祖父母、それぞれどんな病気で亡くなったのかを書き記した健康家系図を交換してみたらいいのではないかと思っています。

がんになる家系が悪いというのではありません。がんになりやすい家系だったと自覚できれば、もっと注意することができるかもしれません。自分の愛する人の家系が、がんで亡くなっている人が多いということがわかれば、がんにならないためのいろいろなことを考えることができます。がんにならないための家選びに関して、もっと研究したらどうですかということです。少々乱暴な考え方かもしれませんが、これからはそういう時代なのかもしれないと強く思っています。

最も必要なのは病気にならないようにすること。なにはさておき、健康が第一です。それでは、がん、病気にならない家選びはどうしたらいいのか、不動産のソムリエとして提案できることがあると思ってまとめたのがこの本です。

昔から伝えられてきた地相や家相、風水をないがしろにしていては、決してストレスをためない、健康になるいい家は選べないというのが、わたしの長年の経験から自信を持っていえることです。ストレスをためない家、全てわたしの経験から培ったものですが、本書を読んだだけでわからないこともあると思います。遠慮なく相談して下さい。あなたの家選びのアドバイスをします。

最後に、がんにまつわることについての監修をお願いした、健康増進クリニック院長の水上治先生に御礼を申し上げるとともに、本書を読んだ人が百歳まで健康で長生きされることを祈念いたします。

著者プロフィール

深澤朝房（ふかさわ・ともふさ）

不動産評論家、住宅評論家、不動産コンサルタント、株式会社サンフェル代表取締役。日本で唯一の「不動産ソムリエ」。一般社団法人日本不動産ソムリエ協会　会長・理事
大学入学と同時に、在宅で不動産の研究をスタート、不動産売買取引業の会社に就職後、ナンバーワンのコンサルタントとして活躍し、２０代で独立、都内の一等地を中心に仲介業務やコンサルティングを行う。以降、２０００件以上の取引を手掛け、無事故・無訴訟を継続中。その実績で多方面より広く信頼を得ている。「失敗しない不動産選び」をテーマに、不動産の購入相談、税務相談、買い替え相談、不動産投資相談など、あらゆる不動産問題解決の支援を行う。読売新聞「読売すまい大学」（国土交通省・経済産業省後援）ほか、テレビ東京「失敗しない家選び」（内閣府後援）、テレビ朝日「欠陥住宅評論」、「おねがいランキング」、日本テレビ「税務・住宅購入相談」、フジテレビ「得する不動産情報」、ＴＢＳテレビ「優良物件を見つける方法」などにも出演。雑誌「財界」に執筆。著書に、「失敗しない家選び」（パテント社）、「人生に勝つ家、負ける家」（牧野出版）他。

〈本書の問い合わせ〉

東京都中央区銀座８丁目８番８号（銀座中央通り）
株式会社サンフェル内　一般社団法人日本不動産ソムリエ協会
不動産ソムリエ担当宛
☎ 03-3574-8000

平成出版について

本書を発行した平成出版は、基本的な出版ポリシーとして、自分の主張を知ってもらいたい人々、世の中の新しい動きに注目する人々、起業家や新ジャンルに挑戦する経営者、専門家、クリエイターの皆さまの味方でありたいと願っています。

代表・須田早は、あらゆる出版に関する職務（編集、営業、広告、総務、財務、印刷管理、経営、ライター、フリー編集者、カメラマン、プロデューサーなど）を経験してきました。そして、従来の出版の殻を打ち破ることが、未来の日本の繁栄につながると信じています。

志のある人を、広く世の中に知らしめるように、商業出版として新しい出版方式を実践しつつ「読者が求める本」を提供していきます。出版について、知りたい事やわからない事がありましたら、お気軽にメールをお寄せください。

book@syuppan.jp　平成出版　編集部一同

百歳まで生きられる家選び
――がんにならない家の吉凶――

平成30年（2018）9月25日　第1刷発行

著　者　深澤　朝房（ふかさわ・ともふさ）
監　修　水上　治
発行人　須田　早
発　行　平成出版株式会社

〒104-0061 東京都中央区銀座7丁目13番5号
NREG銀座ビル1階
マーケティング室／東京都渋谷区恵比寿南2丁目
インフォメーション本部／東京都港区赤坂8丁目
TEL 03-3408-8300　FAX 03-3746-1588
平成出版ホームページ http://www.syuppan.jp
メール: book@syuppan.jp

発　売　株式会社 星雲社
〒112-0005　東京都文京区水道1-3-30
TEL 03-3868-3275　FAX 03-3868-6588

取材協力／前みつ子
編集協力／安田京祐、近藤里実
本文DTP／小山弘子
印刷／(株)ウイル・コーポレーション